高校武术基本训练与教学

宋 博◎著

吉林出版集团股份有限公司
全国百佳图书出版单位

图书在版编目（CIP）数据

高校武术基本训练与教学 / 宋博著 . -- 长春 : 吉林出版集团股份有限公司 , 2023.12
ISBN 978-7-5731-4521-5

Ⅰ.①高… Ⅱ.①宋… Ⅲ.①武术—运动训练—教学研究—高等学校②武术—体育教学—教学研究—高等学校 Ⅳ.① G852.02

中国国家版本馆 CIP 数据核字 (2023) 第 256530 号

高校武术基本训练与教学
GAOXIAO WUSHU JIBEN XUNLIAN YU JIAOXUE

著　　者	宋　博
责任编辑	蔡大东
封面设计	张　肖
开　　本	710mm×1000mm　　1/16
字　　数	190 千
印　　张	11.5
版　　次	2024 年 1 月第 1 版
印　　次	2024 年 1 月第 1 次印刷
印　　刷	天津和萱印刷有限公司

出　　版	吉林出版集团股份有限公司
发　　行	吉林出版集团股份有限公司
地　　址	吉林省长春市福祉大路 5788 号
邮　　编	130000
电　　话	0431-81629968
邮　　箱	11915286@qq.com
书　　号	ISBN 978-7-5731-4521-5
定　　价	69.00 元

版权所有　翻印必究

前　言

　　武术是我国传统文化的一部分，其历史悠久，与哲学、宗教、民俗、兵家、医学等有着非常密切的关系。当前，武术成为受人瞩目的比赛项目，在高校中也已经得到了较为广泛的推广，作为体育课程，受到学生的广泛欢迎与喜爱。

　　高校教师承担着文化传递的责任与义务。高校体育教育成为武术继承与传播的有效途径。近年来，随着教学改革的不断完善，高校体育教育专业武术课程教学陆续积累了较多成功经验，但从总体上看，武术课程教学在目标、内容、方法等方面仍存在不足。为此，高校在武术教学上应提出新的教学思路，促进武术的发展，以提高高校武术的教学水平，使大学生成为推动中华武术发展的一支重要生力军，从而推动我国武术运动的发展。

　　本书第一章为高校武术概述，分别介绍了武术的基本概念、武术的起源与发展、武术的特点与作用、武术的教育价值、武术在高校的传承与发展五个方面的内容；第二章为高校武术运动基本训练，主要介绍了四个方面的内容，依次是武术基本功训练、武术基本动作训练、武术基本拳术训练、武术基本技法训练；第三章高校武术教学现状与改革分别介绍了两个方面的内容，依次是高校武术教学开展的影响因素分析、高校武术教育面临的机遇与挑战；第四章为高校武术教学的课程发展，依次介绍了武术课程的设置及优化、武术基础课程教学、武术器械课程教学三个方面的内容；第五章为高校武术教学的创新发展，主要介绍了三个方面的内容，分别是高校武术教学方法的创新实践、高校武术教学模式的多元构建、当代武术教学中的武术文化传承。

在撰写本书的过程中,作者得到了许多专家学者的帮助和指导,参考了大量的学术文献,在此表示真诚的感谢!由于作者水平不足,加之时间仓促,本书难免存在一些疏漏,在此,恳请同行专家和读者朋友批评指正!

宋博

2023 年 6 月

目　录

第一章　高校武术概述 ··· 1
　　第一节　武术的基本概念 ·· 1
　　第二节　武术的起源与发展 ·· 4
　　第三节　武术的特点与作用 ·· 9
　　第四节　武术的教育价值 ·· 12
　　第五节　武术在高校的传承与发展 ·· 19

第二章　高校武术运动基本训练 ··· 25
　　第一节　武术基本功训练 ·· 25
　　第二节　武术基本动作训练 ·· 52
　　第三节　武术基本拳术训练 ·· 70
　　第四节　武术基本技法训练 ·· 96

第三章　高校武术教学现状与改革 ·· 105
　　第一节　高校武术教学开展的影响因素分析 ··· 105
　　第二节　高校武术教育面临的机遇与挑战 ·· 113

第四章　高校武术教学的课程发展 ·· 121
　　第一节　武术课程的设置及优化 ·· 121
　　第二节　武术基础课程教学 ·· 131
　　第三节　武术器械课程教学 ·· 135

1

第五章 高校武术教学的创新发展⋯⋯⋯⋯⋯⋯⋯⋯⋯⋯⋯⋯⋯⋯⋯⋯⋯149
　第一节 高校武术教学方法的创新实践⋯⋯⋯⋯⋯⋯⋯⋯⋯⋯⋯⋯⋯149
　第二节 高校武术教学模式的多元构建⋯⋯⋯⋯⋯⋯⋯⋯⋯⋯⋯⋯⋯151
　第三节 当代武术教学中的武术文化传承⋯⋯⋯⋯⋯⋯⋯⋯⋯⋯⋯⋯164

参考文献⋯⋯⋯⋯⋯⋯⋯⋯⋯⋯⋯⋯⋯⋯⋯⋯⋯⋯⋯⋯⋯⋯⋯⋯⋯⋯173

第一章 高校武术概述

本书第一章为高校武术概述，分别介绍了武术的基本概念、武术的起源与发展、武术的特点与作用、武术的教育价值、武术在高校的传承与发展五个方面的内容。

第一节 武术的基本概念

武术是我国一项历史悠久的传统体育项目，至今已有几千年的历史。它的主要内容是机体的技击动作，在运动形式上主要包括功法、套路和搏斗三种形式。在漫长的发展过程中，我国武术形式得到了极大程度的丰富，其价值也较为显著，文化色彩也越发浓厚鲜明。中华武术也成为我国一块独有的文化瑰宝，是中国传统文化的重要组成部分。

"武术"一词最早出现在南朝颜延年《皇太子释奠会》诗中："偃闭武术，阐扬文令。"而在不同的历史发展时期，武术一词也有着不同的内涵。在颜延年的诗中，"武术"一词是指要停止武战，发扬文治，而并不是现今武术所含有的意思。在如今，武术的概念发生了较大变化，它主要是指人们用来强身健体、维护自身安全的技击技术。在我国，武术可以有针对性地反映中国传统文化的主要特点，武术的拳理可以充分体现出中国传统哲学思想，而用武之道也体现了中国传统的伦理观念。武术的基本理论还与中国传统医学、养生学有着密切的联系。可以说，武术是一项集防身、健身、修身养性于一体的体育运动。

一、武术概念的内涵

在古代，武术的主要存在形式是格斗技术。不管是在最原始的狩猎，还是在少数人之间的搏斗、较艺，或者大规模的军事阵战中的厮杀，武术都会以技术的形式出现。因此，可以说，武术的内容和形式在发展和变化的过程中，始终都是围绕着"技击"这一根本属性来进行的。武术的本质属性也是其最主要的特点，就是武术动作具有攻防技击价值。

（一）字形上的分析

从字形上，可以将"武"字拆分为"止""戈"二字。

在许慎所作的《说文解字》一书中："夫武，定功戢兵，故止戈为武。"意思就是打了胜仗，收兵回营。"戈"是兵器，"止"是停止之意，整个武字是停止打仗之意，这种解释并非"武"字本义。据段玉裁《说文解字注》中议："止下基。象艸（草）木出有阯。故以止为足。""以止为人足之称，与以子为人之称正同"，也就是说草木为止，引申为人足为止，足即指人也。古代文字专家都认为止是足，足亦指人也，所以，常任侠在《中国古典艺术》一文中理解为像人持戈前进或者荷戈出征打仗的意思，是有其文字依据的。"止"在用法上有禁止、阻止之意；戈就是搏击中的武器，寓有矛盾之意。

"术"从行术声（《说文解字》），把"术"写到行中就成了"術"。在甲骨文、金文以及战国的陶文中的"术"的写法，均像四通八达的街中的十字之道。如此看来，"术"的含义是后人引申的，所引申的主要是技术方法的意思。

因此，通过对"武""术"二字字形演化和引申的内涵进行分析，我们可以得出，"武术"就是指搏击的方法和手段。

（二）字义上的分析

从字义上，我们可以将"武"字的解释分为两大类，一类是"威力服人"的意思，另一类是"讲武论勇"的意思。《辞海》中对武术的注释是"干戈军旅之事"。"术"即整军经武的方法和技术。《韩非子·定法》中提到："术者，操杀生之柄，课群臣之能者也。"《礼记·乡饮酒义》中载有："古之学术道者，将以得身也。"因此，通过对"武""术"字义上的分析，可以认为武术是一种击、力、技、法的方法。

（三）内容上的分析

技击技术是武术运动的本质特征，不管是在功法、套路运动中，还是在对抗运动中，都充满了攻防技击的内容。诸多史料的记载更加证明了武术运动丰富的攻防内容，也能很好地体现出武术的本质特征。

随着社会发展，火器的使用使武术在实战中的作用渐渐减弱，武术也开始向着近于健身的方向发展，至今已发展成为一种深受大众喜爱的现代体育运动项目，但其技术仍保持着技击的含义和特点，武术能使练习者掌握一定的攻防技击技术和能力。

二、武术概念的变化

1932年，《国民体育实施方案》中，对武术有这样的说法："国术原我国民族固有之身体活动力法，一方面可以供给自卫技能，一方面亦作锻炼体格之工具。"在当时，武术在实战方面的功能有所减弱，加上后来西方的体育逐步地进入中国，让人们开始从身心锻炼和审美情趣等方面来挖掘武术的体育价值。同时，也并没有对武术的技击特点和功能进行完全的否定。武术成了中国传统体育项目不可或缺的一个部分。

在20世纪50年代，"武术即是技击"的观点被一些人提出，这在当时具有很强的代表性。但在武术后来的发展过程中，这种观点被当作"唯技击论"受到了许多学者的批判。

1978年，《体育系通用教材·武术》中，在对武术概念进行表述的过程中，出现了许多新的内容："武术，是以踢、打、摔、拿、击、刺等攻防格斗动作为素材，按照攻守进退、动静疾徐、刚柔虚实等矛盾相互变化的规律编成徒手和器械的各种套路。它是一种增强体质、培养意志、训练格斗技能的民族形式的体育运动。"[①] 这本教材可以说较为全面地概括了武术的特点，明确指出了武术就是一种"民族形式的体育运动"，不仅表明了武术的技击特点，使用了具体的技击方法来表述，

---

① 体育院、系教材编审委员会《武术》编写组.体育系通用教材·武术[M].北京：人民体育出版社，1978.

强调武术以"攻防格斗动作为素材",还概括了武术具有"增强体质、培养意志"的社会功能。

第二节 武术的起源与发展

一、武术的起源

(一)武术的雏形

武术的产生与人类的生产活动有着密切的关系。在原始社会中,人与兽之间的争斗是人类生存的关键。拳打脚踢、指抓掌击、跳跃翻滚一类的初级攻防手段在人类猎取食物的过程中自然产生。尽管这些击打的方法多是基于本能的、自发的、随意的身体动作,但这些初级攻防技能却为武术的形成奠定了基础。

在生产力十分低下的原始社会中,人类不仅学会了制造和使用石制或木制的工具,还学会了使用这些工具击打野兽的方法。尖状石器、石球、石手斧、骨角加工的矛,以及后来的石斧、石铲、石刀和骨制的鱼叉、箭镞等出现,这些工具使人类的生存能力得到了较大程度的提高。由此可以看出,在人类与野兽、人与人的搏斗中,武术逐渐萌芽成长。

战争也在一定程度上对武术的形成和发展起到了促进作用。原始社会末期出现了大规模的氏族间战争,而这种原始部落之间有组织的战争加速了原始武术的形成,"武舞"(或叫"战舞")就在这样的背景下产生了。可以说,"武舞"是武术早期的一种表现形式,是原始社会战斗技术的展现,融知识、技能、身体训练和习惯的培养等为一体,将用于实战格杀的经验按一定程式进行演练,是古代武术由感性认识向理性认识的升华。"武舞"在这一时期受到了很多人的喜爱和使用,几乎成为人们操练的首选,为后来武术套路的形成奠定了基础。进入阶级社会后,真正的武术才开始逐渐形成。

(二)武术的形成

进入奴隶社会以后,武术开始从生产活动中分化出来,成为专为统治阶级服务的军事技能，同时开始朝着专业化、复杂化的方向发展。在夏朝，出现了"序"和"校"等以武术为主的教育机构，负责进行各种武艺的传习和演练。

西周时期，统治者对贵族子弟进行礼、乐、射、御、书、数"六艺"训练，从而使贵族专政得到有效的维护。"乐""射""御"都是与武术有直接关系的训练内容。

真正使得武术这一运动得到发展和运用的阶段是春秋战国时期。在这一时期，诸侯纷争、列国图霸，在很大程度上促使武术格斗技能的迅速发展。为了发掘人才，每年春、秋两季，齐国都会举行全国性的"角试"，选拔武艺高强的人才充实到军队中去。与此同时，在武术教学方面也有了较大的改进。

由此可见，早在2000多年前，我国就已有较为成熟的技击理论，这也是我国传统武术在这一时期发展成熟的重要标志。

二、武术的发展

武术的形成和发展，与大众的参与和支持有着紧密的联系。我国武术之所以能传承至今且日益发展，与其显著的健身、防身作用有着非常密切的关系。武术不仅能够强健身体、陶冶情操，还能够作为一种御强抗暴的重要手段。这就在一定程度上为武术的传播与发展起到了积极的促进作用，同时也使我国的武术形成了独特的民族风格。

武术在各个时期的发展，均体现出独有的特点和时代的特色。例如，隋唐是我国武术的一个大发展时期。在隋唐时期，兵器的种类大增、形制复杂，各种兵器、武艺争奇斗艳，武艺向多样化发展，武术表演项目也有了一定的发展。到了明清时期，武术出现大繁荣，流派林立，不同风格的拳种和器械得到发展，武术作为军事技术、健身手段和表演技艺的多种价值为人们所认识和利用。中华人民共和国成立后，武术运动得到长足发展。武术具有健身、防身、自卫的功能，能适应时代的变化，逐步成为中国近代体育的有机组成部分，并得到了广大体育爱好者的继承和发扬。

（一）"武举制"的出现

"武举制"是武术发展史上的一大创举。隋文帝为了选拔人才，将魏晋以来按照门第高低选用官吏的"九品中正制"废除，同时将以文取士的选才制度建立起来。隋朝年代虽短，但它将数百年来的分裂割据结束，统一了全中国，同时也建立了较完备的国家机构。可以说，这是一个承先启后的重要时期。

"武举制"的创立将更多人的习武热情激发了出来，从政策上对民间和官方的练武活动起到了积极的促进作用。武举制度为唐王朝更多、更广地发现人才、搜罗人才创造了有利的条件。

（二）武术民间组织的发展

在封建社会，不仅贵族之间普遍习练武术，在民间，武术运动也是方兴未艾。这一时期，由于战争频繁和社会矛盾的尖锐，广大农民自发团结起来建立社团，教习武术，以御敌备战，武术组织开始在民间蓬勃发展。其中，"弓箭社"是当时规模较大的武术民间组织。弓箭社主要是针对武术爱好者的练习目的而集结在一起的一个特殊团体。其实，在这之外还有以娱乐为目的的结社组织。除此之外，北宋至南宋初的忠义社、巡社等，宋仁宗时期的棍子社、霸王社、亡命社等都是比较具有代表性的民间组织。

南宋灭亡后，统治者限制民间习武，不少武术家隐姓埋名，这就在很大程度上限制了武术的发展，习武组织也转为秘密性的民间组织。由此，武术的发展开始陷入低潮。

（三）武术文化的成熟

在历经了几千年的封建统治之后，武术已经慢慢地形成了其特有的属性和特点。中华人民共和国成立以后，党和政府对武术继承和发展的重视程度越来越高，同时，采取了一系列的支持措施。例如，国家不仅定期举行武术汇报表演，还在高等师范院校和体育学院开设武术专业，并组织专业人员在继承传统拳术的基础上，广收众家之长，将简化太极拳、中级长拳、初级长拳和器械套路整理出来。同时，全国各地开展体育运动，建立武术协会，吸引武术爱好者习武健身。国家设有专门机构负责开展武术运动，将武术列为正式比赛项目，这些都在很大程度上为民族文化的弘扬起到了积极的促进作用，也为武术的普及和研究工作起到了推动作用，使武术运动得到长足发展。

在我国的各项方针政策的引导之下，武术慢慢地表现出了其他方面的特征。尤其是随着我国对外开放的深入，武术不断走出国门一展风采。中国武术所具有的健身、技击、艺术欣赏等兼备的独特功能对国外的武术爱好者的吸引力越来越大。目前，中国武术已经发展到了欧美等国家和地区。除此之外，美国已成立了"全美中国武术协会"，芝加哥、纽约、旧金山等城市还有"少林功夫学校"等。在国际上，中国武术方兴未艾，对发展我国与各国人民的友谊、促进武术文化的进一步发展产生了非常积极的作用和影响。

（四）当代武术的发展

1999 年，国际武联被吸收为国际奥委会的正式国际体育单项联合成员，这是武术发展上的又一历史性突破。2001 年北京申奥成功后，国际武联立刻启动了"入奥"工作，并在北京 2008 年奥运会上进行了武术表演赛，将中国传统武术文化的魅力向更多的人展示出来。武术凭借自身的特点和魅力，不断地吸引着更多的人加入习武的队伍之中，进一步壮大。

1. 武术套路发展

1982 年，在北京召开了有史以来第一次全国武术工作会议，这标志着武术发展进入崭新阶段。1983 年，我国开始有计划、有步骤地向国外进行推广工作。1984 年，在武汉举行了国际太极拳邀请赛，为武术走向世界开创了新局面。1985 年 8 月，在西安举行了第 1 届国际武术邀请赛，成立国际武联筹委会，加速了武术走向世界的进程。1987 年，第 1 届亚洲武术锦标赛在日本举行。1990 年，在第 11 届亚运会上，武术正式列入亚运会比赛项目。1990 年 10 月，国际武术联合会在北京成立，接着各洲际武术组织纷纷成立。1991 年 10 月，在北京举行了第 1 届世界武术锦标赛。以上这些都表明了武术正式进入世界竞技体育的比赛行列。1999 年 6 月 20 日，在汉城（今首尔）举行的第 109 次国际奥委会会议，决定承认国际武术联合会，这是中国武术走向世界的一个重要里程碑。2000 年，国际武术联合会被国际奥委会接纳为正式会员。2008 年，武术作为特设项目在奥运会期间举行"北京奥运会武术比赛"，标志着武术运动大步迈向奥林匹克运动的神圣殿堂。至 2023 年，已举办亚洲青少年武术锦标赛十一届。这一运动赛事包括武术套路和武术散打两大类项目的比赛。

2. 武术散打发展

武术散打是武术的一个重要的组成部分。武术的发展必然会对武术散打的发展起到积极的推动作用。武术散打的基本发展概况如下：

武术对抗运动自1979年开始试点。1989年，武术散打被列为正式比赛项目。20世纪90年代，经过一系列从技术规范、竞赛规则、竞赛制度等方面的改革，到现在已发展成一个成熟的竞技项目。1998年，散打成为第13届曼谷亚运会正式比赛项目。

3. 武术学科发展

中华人民共和国成立之后，武术运动得到了长足的发展，这离不开党和政府的高度重视。武术的健身、防身功能逐渐得到继承和发扬，吸引着众多的武术爱好者投入传统武术习练之中。

为了促进传统武术的发展，我国的体育院校开设了相应的传统武术专业，并进一步梳理了我国繁杂的武术派系，推出了一系列方便普通大众练习的简化武术。由此可以看出，武术已然是学校体育课堂中的一门课程了。

1983年至1986年，全国开展规模浩大的武术挖掘整理工作，查明全国武术拳种达129个。1984年，国务院批准设立武术硕士学位。1997年，上海体育学院开始招收博士研究生，这是传统武术步入现代学科的殿堂、成为能培养高层次研究人才的专门学科的重要标志。武术研究院于1985年经相关部门批准，1986年在北京正式成立。2010年，国家武术研究院组织了为期5个月的全国武术调研工作，制定了《中国武术发展五年规划》（2010年至2014年），将武术发展方向确定下来，从而更好地引领武术科研前沿。武术研究发展到现在，以学科专业建设为导向，不仅使武术学术研究日益细化、深化，体现出从宽泛性、浅表性到学科性、系统性的升华与发展，同时也推动武术研究与相关学科持续融合互鉴，拓宽了武术研究领域。学科建设、专业建设与研究方向的完善，共同为武术学术研究的系统发展，提供了科学的理论指导、应用方法和学理规范。

第三节 武术的特点与作用

一、武术的特点

在不同的时代环境下,武术表现出的特点也是有所差异的。具体来说,武术的特点主要表现在文化和运动方面。

(一)武术的文化特点

1. 注重和谐的价值观

通过分析和研究武术文化,可以得知,我国的武术将"和谐"这一价值观念深刻体现了出来。

2. 反映了刚健有为的民族文化精神

武术锻炼能够使练习者在心态上和心理上将刚健有为的民族文化精神体现出来。

3. 对形神兼备较为注重

武术的修炼历来对形神兼备较为重视,外部表现为"形",内在的、心理的和精神的则为"神",两者必须统一起来,才能够达到武术的最高境界。武术的所有的外在动作都是在内在的"神"的支配下完成的,需要练习者"形""神""气""意"达到和谐统一。如果只有外在之形,那么各种武术动作只是皮毛,对武术的精髓是无法真正掌握的。形神兼备是武术的灵魂,如果不能做到形神兼备,则武术就会脱离其本质内容,这也不是真正意义上的武术。

4. 思维方式是对立统一的

我国传统文化主张用整体性思维来看待事物,同时进行全面的分析。著名的典故"塞翁失马"就充分体现了这一思维方式。我国传统武术的各项动作技术讲求攻防的相生相克,对虚实的掌握和动静的结合等较为注重,这在一定程度上体现了对立统一思维。我国传统武术的习练不仅对单个动作的衔接较为重视,同时,对于整套动作的一气呵成也是较为注重的。

（二）武术的运动特点

武术有着较为显著的运动特点，可以将其大致归纳为以下几个方面：

1. 动作的攻防技击性

攻防技击性是武术最为基本的特点。正是因为这一特点，武术才得到进一步的发展。为了进一步提高攻防技击性的规范性，在现代武术比赛中，要求运动者都要遵循相应的技击规则，使意外受伤的情况得到有效避免。武术运动的各种套路正是踢、打、击、摔等技击动作组合形成的。武术通常会通过增加一些不具备攻防意义的其他动作，来保持套路的连贯，为人们进行习练提供一定的方便，但是需要强调的是，技击动作仍是其核心内容。

2. 运动的内外合一

武术习练对形神兼备较为注重，具体到技术动作层面，就是要求练习者具有内外合一的观念，从而进一步提升武术的技艺。具体来说，武术的"外"是外在的形体活动，"内"则是人的精神、意识和气息的活动。要做到内外统一，就要求内外有机结合。内外合一是多方面的，其中，做到气息与动作的相互配合就是比较重要的一个方面。

3. 适应性较为广泛

我国武术有着多种多样的类型，且流派分立，形成了各自独特的武术风格。不同的武术类型在练习方法、武术技巧等方面也存在着一定的差异性，这就使得不同年龄阶段、性别和体质的人群都能根据自身情况找到适合的武术项目。人们在选择武术运动项目时，要以自身的体质特点以及兴趣爱好为依据。另外，随着我国各界对于武术的重视程度的提高，为了使得武术与现代人们的健身需求相适应，很多适合人们日常习练的健身武术逐渐得到传播，这就为武术的进一步传播与发展奠定了较为广泛的群众基础。

4. 多种武术项目并存

经过多年的发展，如今我国的武术已经形成了众多的流派，拳种并立，体系庞杂，武术博大的内容体系逐渐形成。同时，这也在一定程度上使武术的管理难度有所增加。总的来说，造成我国多种武术项目并立发展的局面的因素主要有三个方面，即地域因素、社会经济因素、社会文化因素。另外，武术流派分立局面的产生，在很大程度上受到我国的经济、政治、文化等各方面的影响。当前，随着我国经济社会的不断发展进步，人与人、地区与地区之间的交流逐渐增多，各地的风俗习惯也在逐渐发生改变，这就为各武术派系之间的交流、我国武术体系的发展起到了积极的促进作用。

二、武术的作用

每个人对武术功能要求的侧重点不同。武术的作用可以大致归纳为以下几个方面：

（一）增强体质

武术运动在锻炼身体方面有着较为显著的作用。武术锻炼能够使个人的身体素质得到提高，使体质得到增强。个体长期从事不同形式的武术锻炼，能够对身体产生多方面的良好影响，经常进行武术锻炼，还能收到壮内强外的效果。比较具有代表性的动作内容包括手法、身法、步法、腿法和屈伸、跳跃、平衡、翻腾、跌扑等在内的长拳类动作，内在神情的贯注和呼吸的配合，以及人体各个器官的积极参与，能够对人体的新陈代谢机能的良好发展起到积极的促进作用，特别是坚持基本功训练，能够使人体肌肉力量增强，肌肉、韧带的伸展性增强，关节运动幅度加大，柔软性得到有效发展。例如，长期进行太极拳的练习，能使人保持轻松、愉快的情绪。

（二）防身自卫

习武的一个重要目的就是防身，这是武术锻炼者非常明确的道理。习武能够在使练习者的体质得到增强的同时，使练习者学习一定的攻防格斗技术，掌握防身自卫的知识和方法，从而使人体的灵活性和对意外情况的应变自卫能力得到有效的提高。

（三）娱乐观赏

娱乐观赏也是武术重要的作用之一。武术运动的观赏价值很高，主要表现为：第一，观看套路表演、套路运动动迅静定的节奏美；第二，踢、打、摔、拿、跌巧妙结合的方法美；第三，内外合一、形神兼备的和谐美。

除此之外，在搏斗对抗中双方激烈的争夺、精湛的攻防技巧、敢打敢拼的斗志，也在很大程度上给人一种美的享受和精神上的激励。群众性的武术活动讲究"以武会友"，可以切磋技艺、扩大交往、交流思想、增进友谊，从而使大众的业余文化生活得到进一步的丰富。

（四）培养良好道德情操

在进行武术锻炼的过程中，锻炼者能对自己的道德情操进行良好的培养。武术在长期的发展中，继承和发扬了中华民族重礼仪、讲道德的优秀传统。"习武以德为先"，对武术练习历来对武德教育非常重视进行了生动、形象的说明。尚武崇德的精神，能够使青少年尊师重道、讲礼守信、宽以待人、严于律己等良好的心理素质和高尚的道德情操得到积极的培养。

第四节　武术的教育价值

武术作为中华民族独特的文化瑰宝，拥有很高的文化价值和经济价值，它也是目前国家大力发展体育事业的一个重要的组成部分。在20世纪初期，武术正式进入高校的体育课程体系。在武术的继承和发展方面，高校起到了很大的作用。尽管如此，高校武术教育的任务依旧很艰巨。

一、提高人文素养

中国武术有着非常丰富的人文精神，不仅包含着儒家的"仁爱"观念，也包含着墨家的"牺牲小我，完成大我"精神和道家的"无为而治"思想；不仅倡导"仁、义、礼、智、信"，还包含着自强不息、厚德载物的精神。武术所具备的丰富的人文精神对习武者而言，有利于促进其形成高尚的品格，不仅如此，还有利于实现中国武术与传统文化之间的密切联系，实现相互渗透，将武术中的一招一式借助文字进行表达，使其更加形象和具备美学内涵。在古代，人们衡量一个人才的重要标准之一就是文武双全，也就是要求习武者在进行武术练习的同时进行文化方面的学习。如果从这个角度出发，可以明确，在进行武术教学的时候，不仅需要进行武术练习，还需要进行武德思想教育，一方面可以对学生的人格进行塑造，另一方面也可以引起学生的学习兴趣，让学生积极主动探究，进一步提高学生的人文素养，促进学生的全面发展。

（一）弘扬民族文化，提高思想道德素质

"自强不息""厚德载物"是武术中蕴含的精神，习武者在不断的练习和锻炼之中，不断增强自己的体魄，不断提高自己的技能，这成为"自强不息"精神的重要基础。面对恶劣的自然环境，人类在与自然界的斗争中，在与野兽以及同类的竞争中以获得生存。武术就是在这样的背景下产生的，是一种不甘屈服、自立自强的产物。武术的技击作用在如今虽然不再占据主导地位，但就其本源性而言，武术依旧具有技击性，蕴含着顽强拼搏的精神，展现了自强不息、奋发向上的精神状态。自强不息、奋发向上是中华武术之魂，也是中华民族五千多年历史的魂。对于武德修养教育，武术传授者一直都非常重视，这种对伦理道德非常注重的教育方法有着很强的育人作用，为不同年代培养了非常多的德武兼备的优秀人才。他们对内严于律己，宽以待人，对外尊师重道，敬老爱幼，看重友谊，展现了习武者的广阔的心胸和独特的风范。他们在工作岗位上兢兢业业、勤勤恳恳、尽职尽责，更加难能可贵的是许多习武者还见义勇为，在打击犯罪、维护社会秩序方面作出了可圈可点的贡献。习武者所养成的不向不利的环境和竞争对手低头、敢于拼搏、见恶不畏、见强不怕、夺取胜利的精神，生动诠释了习武者自强不息的精神。古往今来，尚武之人在面对大是大非，以及在大敌当前的时候往往表现出更多的勇气与爱憎分明的品格，显示出习武者的爱国情怀，这对于提升大学生的道德修养与思想政治素质都有很大的帮助。

（二）树立科学的健身观念，掌握科学的健身理论

武术具有很强的普适性，还具有丰富的内容和各种表现形式。不同性别、不同身体素质、不同性格、不同爱好的学生，都可以选择最适合自己的训练方法。在武术教育中，不仅有慢练的，也有快练的；有动作短小的，也有技巧比较多的长套路。太极拳作为武术的一种，不仅在社会中得到了广泛的关注，在高校中也非常受欢迎，十分普及。这些项目具有广泛的适应性，也具备科学的理论基础，具备科学性、哲理性、艺术性的东方文化特征，在各级各类学校中被列入教学大

纲，广受学生欢迎。高校学生积极参与武术教育，不仅能使自己的体育意识和健身意识得到增强，也能养成终身锻炼的习惯，树立科学的健身理念，推进终身体育的发展。在掌握基本的健身理论的基础上，武术有利于提高学生的科学文化素质。

（三）强身健体，提高身体、心理素质

就共同之处而言，武术与其他体育项目的共同点为健身是基本功能。经过科学验证，武术有很强的强身健体作用，可以增强人的中枢神经系统的工作能力，可以让人头脑清醒，具备敏捷的思维，对学生的智力发展有很好的帮助；可以促进学生的人格心理的发展，极大地提升学生的学习效率；可以提高学生的身体机能；可以对学生的心理进行调整，增强他们的适应性，让他们充满活力，充满朝气。在武术项目中，太极拳、气功等具备着保健功能，因此可以对学生的身体素质和心理素质进行有效的提升。

（四）技击美与技艺美融于一体，提高审美价值

武术拥有丰富的文化内涵，具备典型的民族特色。武术的动作包含技击的内容，可以让习武者在练习中获得美的感受，在一定程度上，可以对人们的审美需求和享受进行满足，这种审美价值源于技艺美和技击美的结合。武术所具有的技艺美重点表现在对人们的运动能力的充分发挥上，具备姿势规格和运动规律美。在体育活动中，大学生借助自己对于技艺美和技击美的感觉，可以让自己的审美需要得到一定程度的满足，可以让身心得到愉悦，并可以引发和提升审美趣味，激发进取精神，进而陶冶情操，实现审美价值的提高，增强感知美的能力，实现具备创造美的美学素养的目的。

二、塑造大学生人格

传统武术不仅强调对身体的锻炼，还强调对意志品质的培养，强调内外兼修。传统武术对习武者的勤奋和毅力有很高的要求。习武者需要做到"冬练三九，夏练三伏"，要持之以恒。另外，习武者要取得技艺的进步，不仅要克服生理上的伤痛，还要忍受精神上和心理上的枯燥、寂寞；面对比自己更强的对手，习武者要勇敢地去面对、去战斗，在摔打中获得成长。在高校中，要对武术教育进行强

化，因为，武术不仅能够让大学生的兴趣爱好得到丰富，还能够对大学生的个人意志进行锤炼，增强大学生的抗压能力，为他们将来的工作和生活打下坚实的基础。

所谓的人格是一个人的道德品质、性格、气质、潜能、尊严等的总称，可以反映一个人的心性、才情、人品。人的人格魅力是建立在人的完整之上的，而人的完整关键是人格的完整。中国武术以其独特的文化意蕴和独特的教化功能，在培养学生的体能、技术、品德、个性等方面均发挥着积极的作用。

（一）校园武术文化为大学生人格塑造提供了物质保障

高校校园武术文化的内涵主要包括三个方面：物质文化，制度文化，精神文化。

一是建立在物质文化的基础上，包括形态各异的武术器械，不同风格的武术服装，各种各样的书籍和种类繁多的武术影像，这些都可以引起学生们的兴趣，从而使他们对武术产生深刻的印象，提高他们的审美能力，陶冶他们的情操，为他们参加武术运动提供了物质保证。

二是以制度文化为表现，不论是在教学与训练方面，还是在比赛与表演方面，抑或是在协会与社团活动方面，都有着相对完备的制度与行为规范。一套行之有效的制度，加之"武德"的教育，及其所形成的文化氛围，可以对大学生产生一种潜移默化的作用，促使他们对自己的言行举止进行自我约束、自我规范。

三是核心为武术精神文化，对尚武精神进行提倡，着重提高学生的武德修养，在接受武术技能学习和传统的文化教育的基础上，实现身心并重的历练和实践教化，这有利于坚定学生的理想信念，让学生养成良好的心理品质，让学生拥有健康的人格，实现多元化的发展。

（二）校园武术文化活动是大学生人格塑造的重要载体

在武术文化发展中，武术运动是重要的载体，可以增进人们的健康和体质，还能对武术文化中所具备的天人合一、崇尚武德、识礼明德的精神进行传承和发展；人们在武术运动中可以相互交流、相互协作。这些是人们所追求和推崇的人文精神。校园武术文化内容丰富、形式多样，借助其所具备的文化内涵，对民族文化及传统美德进行传承和延续。校园武术文化可以为校园营造一种奋进、团结、和谐的氛围，成为校园人文气息中重要的组成。校园武术文化是一种具有凝聚力、创造力和活力的民族传统文化，是校园文化中的具体表现形式，为当代大学生提供了一个可以充分展现自己的平台；在校园文化生活中，给大学生带来无限的乐趣，实现对大学生美的熏陶，让大学生获得美的享受，有利于大学生的身体和精神的全面、健康发展。

（三）尚武精神是大学生人格塑造的无穷动力

"尚武"的含义是对军事、武术的尊崇，凸显了武术的本质属性，即技击。"止""戈"组成了汉字"武"字，表明先人尚武，其根本不在于"武"，而在于"止战"，在于"和平"。在中国武术文化中，如今所倡导的尚武精神是武术传统的核心，这应该成为每个中国人应当发扬的一种精神。这种精神应该以爱国主义为核心，其特征为崇尚勇武，是一种积极向上、团结和谐、刚健有为的精神。尚武精神推广到校园武术文化，就是希望在尚武精神的影响下，大学生能从尚武的思想中领悟并诠释出尚武精神的内涵，从而激发大学生的自强不息精神，提高大学生的学习兴趣和学习热情，增加他们的相互了解、相互关爱、相互融洽，推动他们的思想观念、心理素质、价值取向、思维模式的转变，形成一种以爱国主义为核心的民族精神，让学生在之后的生活和工作中运用所学的东西，为国家和人民服务。所以，在校园中，武术文化所倡导的尚武精神，在无形中塑造和影响了大学生健全的个性的形成。

（四）促进大学生品德和审美情趣的提升

武术具有形神统一、内外兼修的风格，这也是中华传统文化的特点，反映了中国传统哲学思想。在中国武术的长期发展与实践中形成了中国武术的形神，人们把形神称为"内外合一""形神兼备"，形神具备独特的民族风格，有着特殊的运动形式，这也是武术文化、武术教学训练和健身强体的精髓所在。"内"指的是内在的心志活动，如精、气、神等；"外"指的是外在的形体活动。所谓"内练精气神，外练筋骨皮"，就是指内外合一，指的是在实践与教化的过程中，自身要内外兼修。毫无疑问，内外兼修可以让学生顺其自然、融入社会、修身养性，达到"天人合一"的境界。同时，他们在内外修炼中得到的技艺可以体现在外在的形体中，体现在仁礼品德和言谈举止之中，将大学生所具有的人格魅力和精神面貌展现出来。在中国武术演练中,"以形传神"是重要要求,这是中华武术独特内在美的重要构成部分。技击是武术的核心,武术的主要运动形式是套路演练,武术为了追求外在的美,展现其表现特色,一方面讲求形体动作的高规格,另一方面强调"精、气、神"的武术意识及习武者的"体悟",在此基础上实现武术外在的"形"美与内在的"神"美的统一。形神是一个密不可分的整体,形、神具有很高的统一性,形神合一,神寓于形,形去神散。在中华武术中,形神合一的练功方式已经发展到了炉火纯青的境界,表现出一种超越"体育"的东方技艺之美,具有一种别具一格的独特魅力。所以,校园武术文化不但可以促使学生对武术基础技巧的熟练掌握,还可以激发和调动他们的情感,提升他们对美的认识,提高他们的审美水平,让他们在这个过程中形成对美好生活的渴望与追求,从而实现真、善、美的有机统一,实现德艺双馨的目标,让大学生具备美好的感情,形成健全的人格。

校园武术文化之所以受到广大学生的青睐,是因为其所具备的深厚的文化底蕴、鲜明的特色、独特的作用。在贯彻落实素质教育的同时,要通过开展丰富多彩的武术文化活动,促进高校武术文化的健康发展;要大力弘扬"尚武精神",以此来激发大学生的爱国主义情怀,增强大学生的民族自豪感;要让大学生在不知不觉中受到文化的熏陶,让大学生在武术锻炼中实现身心健康成长,将大学生的独特风采展现出来。

三、弘扬爱国精神

中华民族在漫长的发展过程中历经了许多风风雨雨,爱国精神是一条团结人民的重要纽带,伴随中华民族走过无数次的变迁与动荡。在传统武术中,"报效国家"是武德规范中的重要组成。在对传统武术的研究中,我们可以窥见古代人"为国捐躯""精忠报国"的崇高情怀,他们把自己的生死存亡与祖国、民族紧密相连。青年是国家的未来,因此,高校要积极地利用武术教育,对青年学生的意志品格进行锤炼,并利用武术教育对大学生进行爱国主义教育。

(一)爱国主义是民族精神的核心

爱国主义是中华民族的优良传统。几千年来,中华民族的爱国主义精神一直在影响着我们的道德品质，并为我们指明了前进的道路。纵观中国武术发展的历史，有许许多多的武术人士，他们以国家和民族的利益为根本宗旨和目标，在国家、民族面临危机时，奋不顾身地站出来，维护民族独立，维护祖国统一。在古代，许多习武之人都会在衣服上绣上"强身、自卫、卫国"之类的字眼。由此可见，中国武术在很大程度上已经超出了技击价值的范畴，在培养和传播民族的爱国精神方面，发挥着举足轻重的作用。

（二）优秀武德是武术文化的核心

习武者的武德通常体现在武技中，精湛的武技也是每一位武术从业者职业操守和敬业精神的体现。一位武术从业者如果没有精湛的技艺和渊博的知识，即使有着纯粹的从业动机，也很难取得很高的成就。同理，一个人的武功再高，如果没有良好的武德，也会影响一个门派的声誉。"未曾习武先修德"，对于学习武术的人而言，首先应该明确学习的目的。学习武术，主要在于对中华传统文化的继承与弘扬，如果为了其他的目的来学习，则很难将技艺应有的价值体现出来。有的人在学武术的时候，只是希望能够掌握一两招的格斗技巧，能够保护自己，不被人欺负即可。有的人为了炫耀才进行武术的学习，甚至运用武术去打架斗殴，破坏社会秩序。中国武术在长期的发展过程中，发展出一整套伦理制度，突出强调"尚武崇德""武以德为先"。在武术文化的发展过程中，优秀的武德一直是核心。要想让武术文化朝着健康的方向发展就需要对武术文化的内涵和意义有正确的理解，就必须提倡高尚的品德。

（三）民族精神在武德教育中得到弘扬

自古以来，武术的教育作用就备受关注，武术道德教育是武术教育的中心环节。在传统的武德教育中，通常以儒家的伦常为标准，总结为"忠、信、孝、悌、礼、义、廉、耻"八个字。虽然从现在的社会来看，有些内容已经不合时宜，但在封建社会中，这些内容对习武之人的行为有着深刻的影响。武德教育在武术教育过程中起到了举足轻重的作用。当代的武德必须抛弃传统的武术教育中的糟，继承其中的精华部分，把武德与爱国主义精神结合起来，将武德与大学生的思想道德教育有机地结合起来。这就要求我们为武德注入新的内涵。如忠：对祖国、对人民、对社会主义的忠诚；孝：孝敬父母，尊老爱幼；信：人要诚实、守信、守时，信守诺言；悌：爱护朋友与手足，扶贫帮困；礼：遵守法律，有教养，有礼貌；义：恪守真理，敢于帮助他人，见义勇为；廉：正直廉洁；耻：能明辨是非，敢于批评和自我批评。可以看出，传统武德虽然具有很大的历史局限性，但只要赋予其新的内涵，就可以很好地服务于社会主义精神文明建设。历史性、时代性、继承性是传统武术文化的特点，鉴于此，我们应该解放思想、实事求是，从现代需求出发，从发展的角度来研究，从马克思的辩证唯物论出发，取长补短，舍弃"飞檐走壁""刀枪不入""隔山打牛"等与科学背道而驰的观念。唯有如此，武术文化才能更好地得到弘扬，培养大学生的民族精神。除此之外，相关部门对武术文化应该大力宣传，让大众去了解和学习武术文化，进而在高校中形成一种传承武术文化的氛围，对弘扬民族精神也有很大的帮助。

在文化全球化的今天，我们必须对武术发展所面临的危机保持清醒的认识，将传承武术文化与弘扬民族精神融入教学与生活中，对于学生的日常行为规范进行加强，并对学生进行长时间的、潜移默化的教育与培养，这对于每一位武术教育工作者而言，都是一项重要而又长远的责任与使命。

第五节 武术在高校的传承与发展

一、高校武术传承和发展中存在的问题

武术在高校传承和发展过程中，一些问题会不可避免地出现，具体来说主要表现在以下两个方面：

（一）内容繁杂，拳种众多

中华武术有着悠久的历史，到目前为止已经经历了几千年的演变和发展。当前，武术流派众多，风格各异。20世纪80年代初，在对武术的挖掘和整理中，就已经查明了，全国大约有129个源流有序、自成体系的拳种。每个拳派所包括的拳术和器械套路也有一定的差异性。由此可以看出，传统武术拳种众多，这就对高校武术的课程设置提出了较高的要求。同时，这也是目前高校传统武术教学面临的一个亟须解决的重要问题。

(二)教育人才匮乏

在中华人民共和国成立之初,对于体育发展采取的政策是:竞技体育优先发展。受此影响,中国的武术发展以竞技武术为主,与此同时,这一时期对武术人才的培养也偏重于竞技武术人才。但是,随着武术的不断发展,这些竞技武术出身的教师不能使武术教学的需求得到满足,因此,我国高校武术教育普遍面临着专业教育人才缺乏的问题。

二、高校武术传承与发展问题的解决措施

以武术在高校传承和发展过程中出现的问题为主要依据,有针对性地提出了相应的解决方案,具体如下:

(一)根据当地实际情况,注重实效

传统武术要在高校中有较好的发展和传承,需要做好教学的课程设置工作。具体来说,要根据各个高校所在地的实际情况和人们的喜好,选择与当地情况相符的、流传较为广泛的拳种,作为传统武术教学的内容,并在此基础上,根据学生的学习情况,进行适当的改造和调整,使学生能够接受,并且提高他们学习传统武术的积极性和主动性。这样,不仅能够取得较为理想的教学效果,还有利于我国的传统武术教学体系和内容的完善和丰富。

(二)将学校与地方结合起来,加强武术人才建设

关于武术人才建设,可以采取两个方面的措施来加强:一方面,要使当地政府和教育主管部门进一步提高对传统武术组织者、管理者的重视程度,将他们的桥梁作用充分发挥出来,同时,要为当地高校和武术团体牵线搭桥,采取积极的措施来使二者之间的交流与合作进展顺利;另一方面,要有针对性地加强高校体育教师武术方面的业务培训,以此加深他们对武术中蕴含的传统文化的理解,从而进一步提高他们武术教学的业务水平。除此之外,高校可以采取邀请当地武术优秀传人到学校传授技艺的方法,积极引进当地优秀拳种进入学校体育课堂,这样能够使武术教学的不足得到一定程度的弥补。

三、高校武术传承与发展的基本途径

武术在高校中之所以能够得到较好的传承与发展，与武术教学采取的合理的途径有很大的关系。具体来说，高校武术传承与发展的基本途径主要有三点。

（一）转变和革新陈旧的传统武术思想观念

由于受到封建思想的影响，传统武术具有明显的封闭性。当时武术的传承和发展往往都是通过家传、族传或宗传的方式进行的，开放性欠缺。再加上中国古人对武术认识的条理性和逻辑性较差，无法确定固定的衡量标准，当时武术宗派化已经成为一种必然。由此可以看出，要想使武术得到更好的传承和发展，就必须增强武术的开放性。

时代在不断发展，中华传统武术也要紧跟时代脚步，传统武术文化与现代竞技武术应该相互促进、协调发展，从而走上可持续发展的道路。除此之外，这也要求高校以及社会从业人员必须彻底摒除对武术教育传承的不良观念和理解，使这种陈旧的观念得到转变，对中华传统武术教育传承中的精华进行有效的集成，从实际出发，构建出全新的、与现代武术发展实际情况相符的科学体系，树立起全新的武术教育传承观，从而为高校武术更好的传承与发展起到积极的促进作用。

（二）明确高校武术文化教育对"主阵地"的地位的传承

在高校中，武术文化教育传承"主阵地"地位的确定是非常重要的。具体来说，武术文化教育传承"主阵地"地位的主要方法和手段主要表现在以下三个方面：

1. 加大对武术教育的宣传力度

武术在高校中具有重要的教育意义，其宣传的内容主要包括两个方面：一是武术在学校体育中的地位和作用，二是武术的健身作用和文化教育价值。对这两个方面进行宣传，能够使更多的人对武术的重要性有进一步的认识。高校要将武术作为学校教育的一个重要教学内容来进行发展和推广。

2. 加强高校间的交流与合作

武术在高校中的良好发展，与高校校内和校际间传统武术的交流和合作的促进和"催化"作用有着不可分割的关系。作为我国传统的优秀体育项目，武术运

动已经成为很多高校运动会中的重要比赛项目。因此，为了使武术运动在学校教育中的地位进一步加强，需要采取两个方面的措施：一方面，通过强制性的政策，对人们认识武术运动进行相应的约束和加强，同时，使人们对传统武术的陈旧观念得到有效的转变；另一方面，人们要对武术运动高度重视。

3. 传统武术的制度建设要有所加强

对于高校武术的发展，就目前的形式而言，国家相关教育部门应该设立专人负责武术运动进入学校体育工作的规划、指导、管理和协调工作，从而使武术在高校中顺利开展得到有力的保证。加强武术的制度建设，具体来说，需要从以下几个方面入手：

第一，要在制定学校体育教学大纲时，推广武术重点和有限的教学项目，并且将其作为重点教学内容；第二，全面推广高校武术，并且在此基础上加快武术教材和民族传统体育教材等配套设施的建设工作；第三，通过与武术段位制在全国的实施与推广的有机结合，将高校体育锻炼的标准确定下来，从而在制度上保证武术运动在学校体育教学中的地位和作用。

（三）要进一步加大高校武术教育基础教学的力度

对于武术教育基础教学，高校一定要引起高度的重视。同时，高校还要采取相应的有效措施来进一步加强高校武术教育工作，具体来说，应该从以下几个方面入手：

1. 选择或编写合适的教材，进一步创新教学内容

合理的教材和内容能够在一定程度上促进高校武术的发展。在高校武术教学中，武术教材的更新和教学内容的改革是非常有必要的。高校武术教学内容的改革主要包括两个方面：第一，需要使高校武术教师的观念得到较好的转变，树立"健康教育"和"终身教育"的思想来指导武术的教学；第二，要对教学项目进行分辨，对于学生喜爱的武术项目要继承，同时开发学生比较感兴趣的新项目。与此同时，高校还要改革相应的课程结构、教学手段和教学方式。

2. 要进一步加大高校武术师资队伍建设力度

高校武术教育的师资队伍的建设情况在很大程度上影响着我国高校武术教学的发展，因此，为了使我国高校武术教学的质量得到有效提高，加快师资队伍的

建设已经成为一项非常重要的工作内容。具体来说，应该从两个方面入手：第一，要加强师资的培训工作；第二，各体育院校一定要建立自己的教学体系。提高我国高校武术教师素质的途径也主要有两条：一条是武术业务培训，另一条是武术科研。

3. 积极探索有助于武术发展的教学模式

武术教学是不断发展的，这就要求所采用的教学模式也必须是与之相适应的先进的教学模式，这样不仅有利于学生更好地掌握武术基本知识和技术动作，而且对于学生的精神品质的改善、学生学习的兴趣和主动性的增强都是较为有利的。

4. 要进一步改善高校武术教学基础设施建设

教学基础设施情况在很大程度上影响着武术教学活动能否顺利进行。良好的教学基础设施能够使教学质量得到一定的保证。

5. 武术课外活动与课堂教学活动有机结合

具体来说，加强武术课外活动的措施主要有两个方面：一方面，可以对那些有利于课外武术活动进行的社团组织的发展进行积极的鼓励，从而使课外活动的规范性和组织性得到增强，进而起到有效补充课堂教学的作用；另一方面，要有针对性地对一些社团组织中的骨干力量进行重点培养，从而将他们的积极带头作用充分发挥出来。

第二章 高校武术运动基本训练

本书第二章为高校武术运动基本训练，主要介绍了四个方面的内容，依次是武术基本功训练、武术基本动作训练、武术基本拳术训练、武术基本技法训练。

第一节 武术基本功训练

武术运动的基本功训练，包括腿部、腰部、裆步、桩功、鼎臂、手眼、冲拳七个主要部分。进行基本功训练还需要配备一些训练器具，以肋木最为理想。

一、腿部训练

以压腿、扳腿、劈腿、撕腿的主要动作为例。

（一）压腿

1. 正压——按腿

（1）动作

①面对训练器具（桌、凳、墙壁、窗台或肋木，以下均同），离开两小步站立。②将右腿提起用脚跟搁在器具上，脚尖上翘，膝部挺直，高度齐腹；左腿支撑站立，膝部挺直，脚尖正对训练器具。③两手五指交叉，按在右膝上，眼看右脚尖。④两臂屈肘，上身前俯下压，略停片刻，然后上身直起还原，接着再前俯下压（图2-1-1）。右腿经数次俯身按压之后，换左腿（以下各种腿部训练，均须左右轮换，不再另述）。

图 2-1-1　正压——按腿动作

（2）目的

锻炼股二头肌、半腱肌、半膜肌和腓肠肌等，增强肌腱的伸展机能，并锻炼膝关节内外侧的韧带，增强韧带的坚韧性，为将来的踢腿动作做好准备，为蹬腿或踢腿时膝关节内、外两侧韧带所必须担负的力量打好基础。

（3）说明

①俯压时，必须挺胸、直背、挺膝、坐胯（搁在训练器具上的腿，胯部向后下坐），身前探，脚勾紧。②俯压的次数，可以根据具体情况来决定，一般说来，在初练阶段压 10～20 次，然后逐渐增加（以下各种动作均同此，不再另述）。③俯压的程度，在初练阶段不要压得过低，压得过低很可能拉断肌肉纤维，锻炼一个时期后，自己感到可以俯低时再压低。④正压腿在经过一个时期的锻炼后，搁脚的高度可渐渐加高，但不应超过胸部。

2. 侧压——压腿

（1）动作

①身体右侧对训练器具，离开两小步站立。②将右腿提起用脚跟搁在器具上，脚尖上翘，膝部挺直，高度齐腹；左腿支撑站立，膝部挺直，脚内侧正对训练器

具。③左手叉腰，右手握拳以前臂压在胯部上面。④上身向右侧屈下压，略停片刻，然后上身直起还原，接着再侧屈下压（图2-1-2）。

图2-1-2 侧压——压腿动作

（2）目的

除了继续锻炼正压腿动作中的各组肌腱和韧带外，对髂股韧带、腹股沟韧带、股阔筋膜及梨状肌、长收肌的伸长和外展都能起到有效的锻炼，为将来的外摆腿、侧踢、侧蹬等动作创造了肌肉和韧带伸缩如意的条件。同时，上身的侧屈还锻炼了腹外斜肌和腰肌以及腰背部的筋膜。

（3）说明

①在侧压时，必须挺胸、直背、挺膝、开胯（髋关节外展），身侧屈，脚勾紧。②侧压经过一个时期的锻炼之后，支撑腿的脚尖应逐渐地外展，加大开胯的幅度，这样更能增强髋关节外展的机能。③侧压腿练到后期，在增加高度时，左臂变为屈肘上举，右臂则垂于裆前，上身尽量侧屈，用左手去碰或握右脚尖，这样，上述的肌腱、韧带、筋膜的锻炼就会相应地增强。

3. 斜压——沉腿

（1）动作

①身体的右后斜方对训练器具。②将右腿提起向后伸，将右脚内侧搁在器

具上，使腿的内侧朝下，膝部挺直，脚面绷直，高度齐腹；左腿支撑站立，膝部挺直，脚跟斜对器具。③两手反叉腰，虎口朝下。④上身向右后方仰屈下压（图2-1-3）。

图 2-1-3 斜压——沉腿动作

（2）目的

锻炼耻骨肌、长收肌、股薄肌、大收肌、股内肌、缝匠肌和股直肌的伸长，以及小腿横韧带和十字韧带的坚韧，为武术动作中的前、后劈叉做好准备。同时，也锻炼了髋关节囊、髂股韧带、股圆韧带的弹性和滑润性，促使髋关节更灵活，并对腹直肌起到锻炼作用。

（3）说明

①斜压的要求，使小腹在上身后屈时向前挺凸，否则，只是仰胸弯腰就不能起到沉压的作用。②斜压的高度，在开始阶段要低一些，可与支撑腿的膝部相齐，以后逐渐加高到与腹部齐。

4. 反压——反抬腿

（1）动作

①面对训练器具站立，两手扶住器具，上身略前俯。②将右腿提起伸向身后，由助手握住，膝和脚尖都要伸直、绷直；左腿支撑站立，膝部挺直，脚尖正对器具。③助手将右腿慢慢向上抬举，至一定的高度时略停片刻，然后缓缓放下，接着再慢慢向上举（图2-1-4）。

图 2-1-4　反压——反抬腿动作

（2）目的

锻炼髋关节向后反转的灵活性，加强大腿和小腿前面的股直肌、股四头肌、缝匠肌、髂腰肌、腹股沟韧带的伸展，并使阔筋膜张肌的扩张性加大。

（3）说明

①在助手抬腿上举的时候，练习者必须抬头、挺胸、腰后弯，身正、肩平、眼上看，借以锻炼腰脊的柔软。②助手托握的部位，是右手握住练习者的右脚，左手托住右腿膝部，这样可以防止腿弯曲。③助手向上举腿时，要防止练习者支撑腿的脚跟离地掀起。④如果没有助手，练习者则可以找一件较高的家具和两件较矮的家具，两手扶住较矮的家具，把腿搁在较高的家具上面，伸臂、仰身向后弯腰，也能进行锻炼。

5. 高腿

这是在压腿训练逐步提高的基础上进一步增加高度的训练方法。高腿训练一般分为正面和侧面两种，而这两种又分为收胯和放胯两种方式。这些高腿训练与其他腿部训练一样，也是需要两腿轮换锻炼的。

（1）正面高腿

动作：①练习者面对训练器具（最好是墙壁）站立，将右腿提起从面前向上举过头部，用脚跟靠在器具上，脚面绷直，膝部伸直。②两手抱住小腿；左腿支撑站立，膝部挺直，脚尖正对器具。③上身向右腿紧贴靠拢（图2-1-5左）。这是放胯势的高腿训练。收胯势的高腿训练时，靠在训练器具上的腿不宜高过头部，脚尖不绷直而是勾回，使前额能够碰到脚尖（图2-1-5右）。

（左）　　　　　　（右）

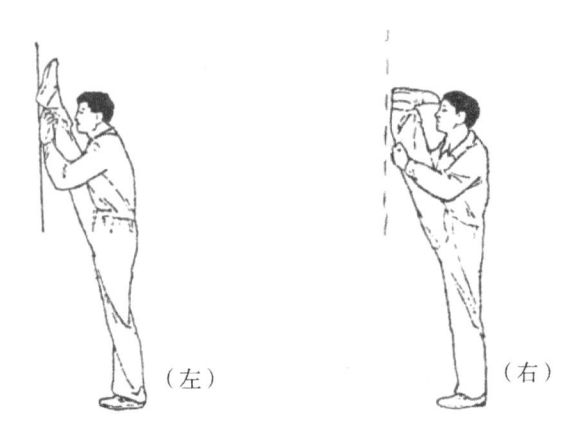

图 2-1-5　正面高腿动作

目的：进一步加强腿部肌腱和韧带的锻炼，特别是锻炼髋关节的滑润和灵活性。

（2）侧面高腿

动作：①身体右侧对训练器具站立，将右腿提起从体侧向上举过头部，用脚跟靠在器具上，脚尖上翘，膝部伸直。②右手垂于裆前，左手上举握住右脚。③左腿支撑站立，膝部挺直，脚内侧朝向训练器具，脚尖稍向外展。④上身以右肩向右腿紧贴靠拢（图2-1-6）。这是放胯势的侧面高腿。另一种收胯势，只要使股骨下缩，脚不过头，脚尖碰着右耳即可。

图 2-1-6　侧面高腿动作

说明：高腿训练没有一俯一仰或侧屈的动作，而是靠在那里不动，术语称为"耗腿"。耗腿是按时间的分秒来计算运动量的，初步可耗3～5分钟，然后逐渐增加。

（二）扳腿

1. 吻靴

（1）动作

①并步站立，右腿屈膝略蹲，左腿伸向身前，膝部挺直，脚尖翘起，脚跟着地；上身前俯，右手握住左脚内侧，左手握在左脚外侧；眼看左脚尖。②两臂屈肘，两手用劲向后拉，上身尽量前俯用嘴去触及脚尖。③略停片刻，上身直起，两臂伸直，接着再做第2次。（图2-1-7）

图 2-1-7　吻靴动作

（2）目的

主要是锻炼小腿后部的腓肠肌、比目鱼肌和跟腱的伸长性，同时也锻炼了小腿前部的胫骨前肌和肌腱的收缩性。另外，由于屈膝下蹲，也锻炼了腿部肌肉的力量与弹性。

（3）说明

①练习者挺胸、直背、塌腰、身前探、挺膝、坐胯、收肘、咬脚尖。②扳腿吻靴的锻炼比较艰苦，在初练阶段，练习者可以先使头顶去试图"顶"到脚尖，

待练到头顶能够碰及脚尖后再试图以前额去"叩"及脚尖，继而进一步以嘴去"吻"及脚尖，最后要练到以下巴颏儿去"拂"脚尖。所谓"顶、叩、吻、拂腿练到，筋长一分力量巧"（《华拳谱》）。③扳腿吻靴也可以在器具上进行练习，支撑腿伸直，不必屈蹲，其他动作均同上。

2. 抱靴

（1）动作

①右腿支撑站立，膝部挺直；左腿屈膝在身前提起。②左手抱住左腿胫骨；右手握住左脚，手心与脚心相合。③两手像抱东西那样把左腿尽量向上抱起，使左膝内侧能够紧贴到左胸上（图2-1-8）。④略停片刻后，两手放下回至第2动，接着再向上抱起。

图 2-1-8 抱靴动作

（2）目的

扩大髋关节的运动面，并锻炼平衡感官的性能。

（3）说明

①向上抱腿时，要求挺胸、直背，支撑腿挺直，站稳。②向上抱腿时，停顿的时间要稍长一些，借以增强单腿独立的平衡能力。

（三）劈腿

1. 前劈叉

（1）动作

①左腿屈膝下蹲，右腿伸向身后，两手在身体两侧扶地。②右腿慢慢地向后伸直，左腿同时也慢慢地将膝伸直，两腿前后分开着地；前腿以腿的后侧贴地，脚尖上翘；后腿以腿的前侧贴地，脚面绷直；上身正对前方，两臂伸直（图2-1-9）。③略停片刻，上身从右向后转，右脚尖变为上翘，左脚尖变为绷直，改成右腿在前、左腿在后的前劈叉。

图2-1-9 前劈叉动作

（2）目的

锻炼髋关节前后屈展的柔韧性。

（3）说明

①两腿劈开的时候不要过猛，否则对缺乏锻炼的人来说很容易使髋关节脱臼，也容易拉伤肌肉纤维，应该慢慢地劈开，慢慢地着地和转身。②在初练阶段，在身体两侧放置两个矮凳子，用两手或两肘扶凳，两腿前后分开，根据具体情况来调整两腿离地的高低，这样经过一个时期的锻炼，就可使腿贴着地面了。③劈腿时，不论能否贴着地面，两腿都必须挺膝伸直。④在初练阶段，不论能否贴着地面，最好坚持15～30秒，然后转身换腿。

2. 横劈叉

（1）动作

①两腿屈膝下蹲，两手在身前扶地。②两腿慢慢地分向左、右劈开伸直着地，

都以腿的后侧贴地，脚尖上翘（图2-1-10）。③略停片刻，然后两腿屈膝收回还原，接着再做第2次。

图2-1-10　横劈叉动作

（2）目的

主要使髋关节处的韧带与筋膜变得柔韧，促使髋关节的外展幅度增强。

（3）说明

①横劈叉的另一种方式叫作"俯叉"，是指用两手扶住两小腿，上身向前俯倒以胸贴地，两腿都以内侧贴地（图2-1-11）。②在横劈叉初练阶段，可以在身前放置一个矮凳子，将身体俯撑在凳上，两腿左右分开，根据具体情况调整两腿离地的高低。③横劈叉的两腿都必须挺直，成为一条横的直线。

图2-1-11　横劈叉动作说明

（四）撕腿

1. 站立侧撕腿

（1）动作

①立正站立，左臂屈肘上举，左手手指朝右，手心朝上；右手由助手的右手

握住。②将右腿提起，由助手的左手托住练习者的右脚跟，膝部挺直，脚尖上翘；高度与助手的肩部平齐。③助手拉紧练习者右手，将其右腿从侧方向上、向头后部推举（图 2-1-12）。④略停片刻，放下右腿换左腿做。

图 2-1-12　站立侧撕腿动作

（2）目的

借助外力加强腿部的柔韧性训练。

（3）说明

①助手撕腿，必须凭手里的感觉来决定推举的程度，撕拉过分容易拉伤韧带和肌腱纤维，但也不能过分偏松，偏松就失去了撕腿的效果，最好能使练习者微微地感到有些酸痛，这样收效才大。②练习者必须保持挺胸、直背、挺膝、开胯，防止臀部后凸或弯腰。

2. 卧倒正撕腿

（1）动作

①仰卧在凳上或地上，右腿伸直不动，左腿在身前向上举起。②助手用右手按在练习者的右膝部，左手按在练习者的左脚跟，用力下按，使左脚尖接近头部（图 2-1-13）。③略停片刻，换右腿做。

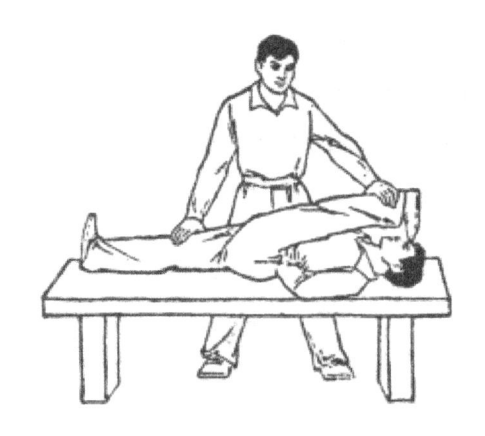

图 2-1-13　卧倒正撕腿动作

（2）目的

借助外力锻炼腿部柔韧的强度，特别是向前上的柔韧强度。

（3）说明

①卧倒正撕腿也须凭助手的感觉来决定按压的程度。②最好在凳子上钉一个布圈，将一腿套住扣牢膝部，这样助手便可用两手来按压练习者伸向头部的另一腿。

3. 控腿

（1）前控腿

动作：①并步站立，右手扶持右侧的训练器具，左手叉腰。②左腿屈膝在身前慢慢地提起，脚尖绷直（图 2-1-14 左）。③左腿继续慢慢地向身前平伸控住（图 2-1-14 右）。④略停片刻，左腿慢慢屈膝回至第 2 动。⑤左脚落地并步，然后再做第 2 次。

（左）　　　（右）

图 2-1-14　前控腿动作

目的：锻炼腿部前面肌腱的收缩机能和控制能力，为武术套路运动中的静止性蹬腿、举腿定型动作奠定基础。

说明：①前控腿分为绷脚和蹬脚（翘脚尖）两种。蹬脚的练习方法，就是在腿向前伸出时脚尖要上翘用脚跟蹬出。这两种方法必须轮换锻炼，不可偏一。踢足（绷直脚面）长前筋（增长腿前肌腱的收缩力），蹬腿（翘脚尖）拉后腱（拉长腿后的肌腱）。两者的锻炼效能是相应结合的。②练习者要保持挺胸、直背、塌腰、身正、肩平的身法要求。

（2）侧控腿

动作：①并步站立，右手扶握右侧的训练器具，左手叉腰。②左腿髋关节外展、屈膝在体侧慢慢地提起，脚面绷直（图2-1-15左）。③左腿继续慢慢地向左侧平伸控住（图2-1-15右）。④略停片刻，左腿慢慢屈膝回至第2动。⑤左脚落地并步，然后再做第2次。

（左） （右）

图2-1-15 侧控腿动作

说明：①侧控腿分为绷脚和勾脚两种，须轮换锻炼。②侧控腿时，必须使腿正向侧方，不要有丝毫偏斜；上身要端正，不可倾斜；髋关节尽量外展。

（3）后斜控腿

动作：①并步站立，右手扶握右侧的训练器具，左手叉腰。②左腿髋关节外展、屈膝在体侧慢慢地提起，脚面绷直。③左腿继续慢慢地向左后斜方平伸控住，腿的内侧朝下（图2-1-16）。④略停片刻，左腿慢慢屈膝回至第2动。⑤左脚落地并步，然后再做第2次。

图 2-1-16 后斜控腿动作

目的：锻炼腿部肌肉的外展、伸张和控制能力。

说明：①后斜控腿在锻炼时上身很容易向前倾俯，这是绝不允许的，一定要保持身体正直。②后斜控腿的高度，一般来说是不大容易增高的，锻炼时不要过于心急，必须由低到高地循序渐进。③后斜控腿一般的只有绷直脚面一种，不必练勾脚势的那一种。

（4）高控腿

高控腿训练是在正、侧控腿有了进展的情况下才开始锻炼的，高控腿是正、侧控腿的最高点。它的动作与"前控腿""侧控腿"完全相同，只是它的高度前控要使腿脚接近面额，侧控要使腿脚接近耳旁。高控腿一般只限于正侧面，后斜控腿虽然也可以举得高一些，但受股骨大小粗隆和髋骨接连的限制，在身体直立的情况下很难达到最高点。高控腿是增强腿部肌肉和髋关节收缩、伸展、柔韧、灵活、外张等性能的训练，也是肌肉控制性能的进一步的训练。

二、腰部训练

以前俯腰、侧俯腰、转腰为例。

（一）前俯腰

1. 动作

①并步站立，两臂伸直上举，两手手心朝上，五指交叉握住。②上身前屈，两手在脚尖前贴地。③两手松开向后抄抱，握住小腿下方，使面部紧贴胫骨前面。④上身直起还原，两手再交握上举，做第2次（图2-1-17）。

图2-1-17　前俯腰动作

2. 目的

锻炼腰椎的关节、软骨和韧带的柔软性，使腰椎在运动中能够达到前屈的极度。

3. 说明

①两腿必须并拢挺膝伸直。②面部要贴紧胫骨，如有可能最好使头顶碰及脚面。③在初练阶段，可做10～15次。

（二）侧俯腰

1. 动作

①俯腰。②上身左转，下肢不动。③上身向左腿外侧方俯下，两手在脚外侧贴地。④上身直起回至第2动。⑤上身右转。⑥向右腿外侧方俯下。如此左右轮换做（图2-1-18）。

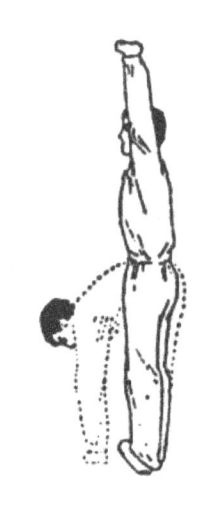

图 2-1-18　侧俯腰动作

2. 目的

锻炼腰椎的柔软性，同时由于转体关系也锻炼腹斜肌。

（三）转腰

1. 动作

①开步站立，上身前俯，两臂在身前自然下垂。②上身开始从前向左、向后回环转腰，两臂随身摆动。③上动未停，上身继续向右回环转腰。④左手随腰的转动从右侧向下扳握右腿脚踝，上身下俯以左耳贴于右小腿的外侧，右手顺势五指撮拢成钩手在身后上举。⑤略停片刻，左手松开右踝，上身开始向右、向后、向左回环转腰。

2. 目的

锻炼腰椎的灵活性，使腰椎在运动中能够自然旋转。

三、裆步训练

（一）马裆步

1. 动作

①开步站立，中间距离约等于本人身长的二分之一。②两腿屈膝半蹲；两手

握拳侧平举（或者伸掌），拳心朝下；目视前方（图 2-1-19）。

图 2-1-19 马裆步动作

2. 目的

主要锻炼股直肌、缝匠肌、内外侧肌、胫骨肌、腓骨肌和比目鱼肌等的力量。

3. 说明

①马裆步要求挺胸、直背、塌腰，大腿屈平，脚尖正对前方，两膝不能超出脚尖，也不要向里扣拢。②下蹲静止的时间，按具体情况决定，总要使两腿有些酸痛的感觉才有效。

（二）弓裆步

1. 动作

①并步站立，两手叉腰。②左脚向前跨一步，左腿屈膝半蹲，右腿在后挺膝伸直。③上身微做前倾。④目视前方（图 2-1-20）。

图 2-1-20 弓裆步动作

2. 目的

主要锻炼股直肌、腓肠肌、比目鱼肌、胫骨前肌和腓骨长肌等肌腱的力量。

3. 说明

①弓裆步也叫作弓箭步。前弓腿的大腿必须屈平，大小腿之间呈 45°～50° 的角；膝与脚尖要正对前方，上下约呈垂直线，膝部不能超出脚尖；防止臀部向外侧凸出和脚跟离地掀起；后箭腿必须挺膝蹬直，脚尖尽力向内扣紧，髋臀部要向下沉，防止臀部向上凸出和脚外侧离地掀起。②弓裆步必须左、右两腿都要锻炼，不要只练一侧。

四、桩功训练

（一）混元桩

1. 动作

①两脚开立与肩同宽，两腿屈膝略蹲；两臂自然下垂于身前，手心朝里；身正直，自头顶到两脚之间呈一垂直线；舌上卷抵于上腭；意念平静，周身放松（图 2-1-21）。②闭目，徐徐以鼻深深吸气入腹（丹田处），旋即徐徐以鼻呼出。

图 2-1-21　混元桩动作

2. 目的

主要锻炼周身气血的活畅，并增强腿部股直肌、胫骨前肌、腓肠肌、比目鱼肌等肌腱和脚部韧带的力量和坚韧。

3. 说明

①混元桩要求以静为主，在练习时必须身体正直、舒胸、松腹、呼吸均匀，逐渐达到至寂之境。这样才能使气息平和，平和则畅达，畅达则气血活。②混元桩的呼吸虽然要求深入腹部，但是吞吐应该自然，不要故意鼓腹和缩腹。③初练阶段，每次可静站2~3分钟，站1~2次。

（二）四平桩

1. 动作

①两脚开立，中间距离约等于本人身长的二分之一，两腿屈膝半蹲呈马步，两脚脚尖用劲向里扣，两膝用劲向外撑，大腿屈平；两臂屈肘环抱于身前，两手拇指用劲张开，臂内旋使手心朝外，拇指朝下，其余四指并拢用劲向手背一面伸张，腕紧屈；头向上顶，颏向里收，颈竖直，肩下沉，挺胸、直背、塌腰；意念怒奋，周身运劲；目视两手（图2-1-22）。②徐徐以鼻吸气入腹（丹田处），旋即徐徐以鼻呼出。

图 2-1-22　四平桩动作

2. 目的

主要锻炼气的鼓荡，使气在紧张之中仍能沉着，仍能平和，去其浮躁，外示以安逸，并锻炼周身内外的整劲，使劲与气合，内与外合。

3. 说明

①四平桩要求以动为主，即要求周身运劲，在动（运劲）中求静。四平桩由于运劲的特点，气息极易浮躁，不易下沉，在这种情况下要求"静"是比较困难的。然而正因为这样，久练之后才能去其浮躁之气，在动中以求静，使内脏呼吸器官能够适应紧张运动的需要。②四平桩静站时，必须保持"顶平，肩平，腿平，心平"，"顶平则头正，肩平则身正，腿平则劲正，心平则气正"[1]。四平四正才能"内外合一"，劲、气、神、力相合。③初练时，每次可静站1~2分钟，站1~2次。

桩功是以静站的方式锻炼气息和内脏器官的方法。"桩"的意义：一方面是像桩那样静止不动，在不动中锻炼内部气息的调动，锻炼劲力的增长，即所谓"静中求动"；另一方面则是说气息调动了，劲力增长了，下盘就能够像桩那样比较扎实，因而《少林拳术秘诀》里说："马步（四平桩）熟练纯习，则气贯丹田，强若不倒之翁。"[2] 桩功的桩势颇多，但从性质上来分则可分为两种：一种是"静中求动"的，在平静中求得气血和畅；一种是"动中求静"的，在动（运劲）中求得气息的平静。上面的两种桩势各具有不同的性质，其他桩势就不另作介绍了。

五、鼎臂训练

（一）肘鼎

1. 动作

①两脚前后开立，右腿在前屈膝下蹲，左腿在后伸直，两脚跟均离地掀起；两肘平行撑在地上，中间距离与肩同宽，两手手心贴地。②右脚蹬地，左腿摆起，两肩向前送出，两腿向上伸直，呈倒立姿势（图2-1-23）。

---

[1] 《新体育》杂志社. 武术入门[M]. 杭州：浙江人民出版社，1983.
[2] 尊我斋主人. 少林拳术秘诀[M]. 太原：山西科学技术出版社，2009.

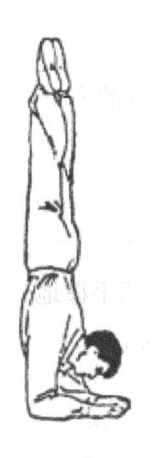

图 2-1-23 肘鼎动作

2. 目的

锻炼三角肌、肱三头肌、肱二头肌和肱前肌等肌肉的力量。

（二）肩鼎

1. 动作

①两脚前后开立同"肘鼎"；上身前屈，用右肩撑在地上，右臂伸直贴地，手心朝上，头部偏向左肩；左臂屈肘，左手撑地。②右脚蹬地，左腿摆起，两腿向上伸直，呈倒立姿势（图 2-1-24）。

图 2-1-24 肩鼎动作

2. 目的

锻炼斜方肌、大圆肌、冈下肌等的力量。

（三）头鼎

1. 动作

①两脚前后开立；两臂屈肘，两手撑地，头部也撑地，构成一个三角。②蹬地摆腿竖起呈倒立姿势（图2-1-25）。

图 2-1-25　头鼎动作

2. 目的

主要锻炼前臂肌肉和颈部肌肉的力量。

六、冲拳训练

（一）马步冲拳

1. 动作

①两脚开步站立，两腿屈膝半蹲为马步；两手握拳抱于两腰侧，拳心朝上，拳眼朝外。②右拳从腰部向前平伸冲出，变拳心朝下，拳眼朝左；目视正前方（图2-1-26）。③右拳收回腰侧，左拳同时向前平伸冲出。

图 2-1-26　马步冲拳动作

2. 说明

①拳从腰侧冲出时拳心朝上，当肘部靠近腰侧时臂内旋使拳在螺旋运动中向前冲出，变拳心朝下；冲拳、旋臂、变拳心朝下，这三部分动作必须连贯起来，不可分割。②冲拳时，两肩必须向下沉，出拳一侧的肩应顺势向前送，抱拳一侧的肩则应同时微向后拉，这样才能使拳冲击有力。③初练马步冲拳，每次可做 20~40 次。

（二）弓步冲拳

1. 动作

①并步站立，两手握拳抱于两腰侧，拳心朝上。②右脚向前上步，右腿屈膝，左腿伸直，呈右弓箭步；右拳随即从腰侧向前平伸冲出，变拳心朝下；左拳不动；目视正前方（图2-1-27）。③左脚向前上步，呈左弓箭步；右臂屈肘，右拳收抱于右腰侧，拳心朝上；左拳同时向前平伸冲出。

图 2-1-27　弓步冲拳动作

2.说明

①弓步冲拳，不要在做弓步时就将拳冲出，应该在弓箭步形成之后再冲拳，但这两部分的动作也不要使它分割开来，必须一前一后地成为一个整体。②如果场地小，上步没有余地时便转身继续练习；如果场地大，也不要一直冲到头，一般冲8～10拳便可转身。

七、手眼训练

（一）松肩

1.上耸下沉

（1）动作

①两脚开立，两手贴在两腿侧，两肩放松。②两肩同时向上耸起。③恢复原状。④两肩同时下沉。⑤恢复原状，再做上耸动作，如此轮换（图2-1-28）。

图 2-1-28　松肩动作

（2）说明

肩胛上耸时，头颈必须端正不动，不要有耸肩缩颈的现象。

2.前拢后张

（1）动作

①同"上耸下沉"。②两肩同时向前凸出抱拢，使胸部收缩（图2-1-29左）。

③恢复原状。④两肩同时向后张展，使胸部挺出（图 2-1-29 右）。⑤恢复原状，再做前拢动作，如此轮换。

（左）　　　　　　　　（右）

图 2-1-29　前拢后张动作

（2）说明

①向前抱拢时肩关节只能是前移，不能上耸。②向后张展时颈部不可前伸。

3. 前转肩

（1）动作

①两脚开立，两手贴在两腿侧，两肩放松。②两肩同时向前回环转动。

（2）说明

转肩时颈部不能移动。

4. 后转肩

动作：①两脚开立，两手贴在两腿侧，两肩放松。②两肩同时向后回环转动。

5. 左右交叉前后转肩

（1）动作

①两脚开立，两手贴在两腿侧，两肩放松。②两肩一先一后地向前转动。③向前转动数次之后，两肩再一先一后地向后转动。

（2）说明

两肩交叉前后转动之后，可以再做几次两臂向前、向后、向里、向外轮转的回环动作。

松肩训练是锻炼肩关节灵活性的主要项目，也是鼎臂训练以后所必须做的活动性练习。《华拳谱》曾说："臂有力而肩僵，拳之挥动何能自如？犹同角弓之无弦，箭从何出？"[①]因此，松肩训练和腰腿训练有着同等重要的意义。松肩训练也能够锻炼胸锁关节的灵活性和扩大肩胛带的活动范围，有助于振臂挥拳的动作。

（二）活腕

1.分腕

（1）动作

①两臂侧平举，两手五指并拢侧屈腕竖起（图 2-1-30 左）。②屈腕向下（图 2-1-30 右）、向内、向上转动一周至屈腕竖起部位。③再做第 2 次。

（左） （右）

图 2-1-30 分腕动作

（2）说明

在转动时肘关节可以略微屈一些，以助腕关节的转动。

2.挑腕

（1）动作

①同图 2-1-30 左。②臂外旋使手心朝上，屈腕向里（图 2-1-31）、向下、向外、向上转动一周呈竖掌。③再做第 2 次。

---

① 张力.马振邦武学集 3 拳术精粹 [M].北京：世界图书北京出版公司，2013.

图 2-1-31 挑腕动作

(2) 说明

转动一周后成竖掌时,要略略停顿一会儿,然后再做第 2 次,不要毫不停顿地转动。因为这是挑腕动作,不是一般的腕部回环。

(三) 领眼

1. 动作

①两手垂于两腿侧。②左手五指并拢,从下向左侧直臂绕环举起,拇指一侧朝上;眼随左手。③上动未停,左手继续直臂向上、屈肘向右绕环,屈腕使手心朝右,手指朝上;眼仍随左手(图 2-1-32)。④右臂屈肘向上,右手经左手背直臂上穿,手心朝左;此时抬头眼看右手;左手同时下降到右腋处,手背贴靠右腋(图 2-1-33 左)。⑤上动未停,右手继续向右绕环至平举部位,拇指一侧朝上;头右转,眼随右手(图 2-1-33 右)。⑥上动未停,左手从右腋处直臂向下、向左绕环至平举部位,拇指一侧朝上;此时眼随左手转动(图 2-1-34)。⑦左手下垂于左腿侧,右臂向上举起,换右手做领眼练习。

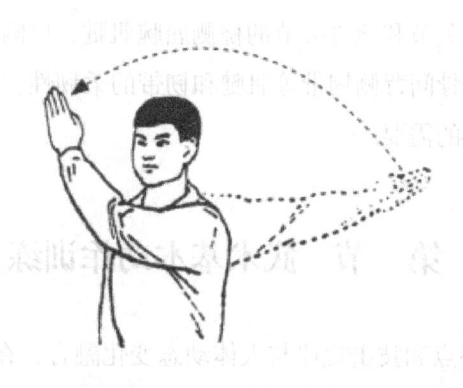

图 2-1-32 领眼动作 1

（左）　　　　　　　　　　（右）

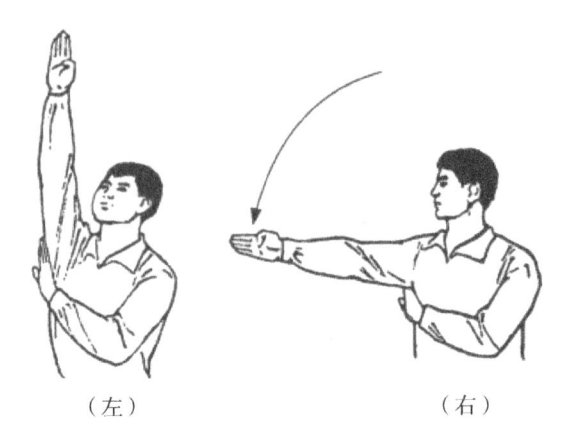

图 2-1-33　领眼动作 2

图 2-1-34　领眼动作 3

2. 说明

由于左右手做领眼训练，使颈椎和肩臂也得到了回环锻炼。做领眼练习，手臂绕环、上穿的动作要快一些才好，手臂一快才能训练眼法的灵活。

手眼训练的活腕运动（分、挑、翘、抖）是武术基本功中的腕关节锻炼，锻炼的目的是加强桡腕关节和腕骨关节的桡侧屈腕肌腱、尺侧韧带、桡腕背侧韧带、掌骨底背侧韧带、腕骨间背侧韧带等肌腱和韧带的柔韧性，使手掌的硬、软、紧、松都能适应武术动作的需要。

第二节　武术基本动作训练

武术中的技击特点和技击规律与人体动态变化融合，在运动中便展示出许多静止的和活动的平衡、跳跃、跌扑、滚翻、折叠、旋转、奔走等技巧。这些技巧也是武术静美与动美的基本要素。在基本功的训练过程中，习武者获得了身体的伸展、柔韧、灵活、力量等基本素质之后，必然要跨进这个基本动作训练的阶段，在这个阶段去学会掌握武术的各种运动技巧，为熟悉武术的徒手和器械等各种套路运动创造条件。基本动作训练包括平衡、跳跃、跌扑滚翻、折叠旋转、步法五个部分。通过这些训练能够发展动作的协调性、灵敏性和速度以及肌肉的弹性，能够培养习武者在运动中保持身体平衡的能力，以及在运动中阻止和运用惯性力量的能力。

一、平衡动作训练

（一）提膝直立平衡

1. 跳步提膝直立平衡

（1）动作

①并步站立，两手叉腰；右腿屈膝在身前提起，右脚贴近左大腿，脚面绷直；左脚不动，左腿伸直。②站立一会儿后，左脚蹬地跳起，换右脚在左脚原处落地站立，左腿即屈膝在身前提起，如此轮换进行练习（图2-2-1）。

图 2-2-1　跳步提膝直立平衡动作

（2）说明

①跳起时，要跳得高落得轻，落地的脚必须用前脚掌先着地，不要用脚跟着地。②跳步提膝直立平衡是跳跃的平衡动作，不是平衡的跳跃动作，因此在跳起

落地之后，站立的时间要长一些，一般要求保持1~2分钟（后面的许多平衡动作练习也是如此），不要一跳一跳地总是换脚。③站立必须稳固，身体保持正直，提膝要高。

2.弓步变提膝直立平衡

（1）动作

①并步站立，两手叉腰；左脚上前一步，左腿屈膝半蹲，右腿向后伸直，呈左弓箭步；上身微前倾；眼看前方。②上身直起，重心后移，左脚蹬地使左腿屈膝在身前提起，变成提膝直立平衡；右脚不动（图2-2-2）。③做数次之后换右脚练习。

图 2-2-2 弓步变提膝直立平衡动作

（2）说明

①弓箭步变直立平衡时，要求提膝要快、站立要稳，不能摇晃和移动；蹬地提膝时，用力要恰当。②弓箭步和提膝平衡的要求均同前。③练习5~10次之后换另一腿练习，每次静止时间为1~2分钟。

（二）盘腿半蹲平衡

1.跳步盘腿半蹲平衡

（1）动作

①并步站立，两手叉腰；右腿伸直站立，左腿屈膝在身前提起，呈左提膝直

立平衡姿势。②右脚蹬地跳起换左脚落地，左腿即屈膝半蹲；右腿随之屈膝使踝部外侧横盘在左膝上，右脚脚面绷平（图2-2-3）。③站立一会儿后，左腿伸直立起变成右腿屈膝于身前的右提膝直立平衡。④左脚蹬地跳起换右脚落地，右腿屈膝半蹲；左腿随之盘腿。如此轮换练习。

图 2-2-3　跳步盘腿半蹲平衡动作

（2）说明

①半蹲腿的小腿不是与地面垂直的，而是由膝部前面的一点与脚尖成垂直线；大小腿之间为 90° 直角。②在盘腿时，上身可以略向前倾，但须挺胸直背塌腰。③这里的提膝直立，不要求持久站立，在提膝后要立即跳步换脚做盘腿。

2. 弓步变盘腿半蹲平衡

（1）动作

①同"弓步变提膝直立平衡"呈左弓箭步。②左脚蹬地，重心后移，右腿屈膝半蹲，左腿屈膝横盘在右膝上，成为左盘腿半蹲平衡。③站立一会儿后，左脚向前落步，仍为左弓箭步，接着再蹬地做第 2 次盘腿半蹲平衡。数次之后，换右腿做。

（2）说明

在前脚蹬地、身体重心后移时，后面的脚不可移动，要像"生根一般"稳固。

(三)扣腿全蹲平衡

1.跳步扣腿全蹲平衡

(1)动作

①并步站立,两手叉腰;右腿伸直站立,左腿屈膝在身前提起,呈左提膝直立平衡姿势。②右脚蹬地跳起,左脚向正前方跃一步;在左脚落地时,右腿即屈膝用踝关节前部勾扣在左腿膝后,左腿同时屈膝下蹲(图2-2-4)。③站立一会儿后,上身立起,右脚向后跃步,右腿伸直站立,左腿即屈膝在身前提起回至第①动作。如此,前跃呈扣腿平衡,后跃呈提膝平衡。"前跃蹲,后跃立",做10次左右后,换另一腿练习。

图2-2-4 跳步扣腿全蹲平衡动作

(2)说明

扣腿全蹲平衡是比较难以掌握重心的,加上有向前跃的动作,就更加困难了。因此,在初练时,习武者可以先练习原地的扣腿全蹲平衡,不必加前后跳跃,到能够在原地掌握重心维持平衡之后再练习加跳跃的动作。

2.弓步变扣腿全蹲平衡

(1)动作

①两手叉腰,呈左弓箭步。②身体重心后移,左脚蹬地提从左侧绕到身后扣于右腿膝后,右脚不动,右腿即屈膝下蹲,呈扣腿全蹲平衡。③站立一会儿后,

左脚向前落步，右腿在后伸直，再呈左弓箭步，做第2次。做了10次之后，换另一腿练习。

（2）说明

弓箭步变扣腿全蹲平衡是惯性力量向后的动作，要在运动中阻止这种力量而保持身体的平衡，比前跃的扣腿平衡更难些。因此在初练时，可以慢一些，但到后来就必须达到快而稳的要求。

二、跳跃动作训练

（一）腾空飞脚

1. 动作

①并步站立，右脚向前一步；左脚在后，脚跟离地掀起；左臂向前、向上摆起，右臂斜举于身后；眼看前方（图2-2-5）。②左腿从后向前、向上摆起，右脚蹬地向上跳起，身体腾空；右臂同时从后向下、向前、向上摆起，在额前上方用右手背碰击左手心（图2-2-6左）。③在空中，右脚脚面绷直向前踢出，右手击拍右脚面；左手五指撮拢成钩手直臂举向左侧，钩尖朝下（图2-2-6右）。④左脚先落地，右脚随之在身前落地，回至第①动作，接着再做第2次。数次之后换左脚练习。

图2-2-5　腾空飞脚第一步动作

（左） （右）

图 2-2-6 腾空飞脚第二步动作

2. 说明

①腾空飞脚，不论蹬地或落地，都必须用前脚掌来做。②击拍脚面的动作必须在空中完成，不能在落地时去击拍，"腾空飞身起，霹雳响九天"，它要求既要跳得高又要击得响。③摆腿、蹬地、摆臂要连贯起来做，中间不可分割。

（二）腾空双飞脚

1. 动作

①并步站立，两腿屈膝略蹲；两手握拳随两臂屈肘上举；眼看前方。②两脚同时蹬地向上跳起，身体腾空。③在空中，两脚同时向前踢出，脚面绷直；两手击拍两脚脚面（图 2-2-7）。④两脚落地回至第①动作，接着再做第 2 次。

图 2-2-7 腾空双飞脚动作

2. 说明

①腾空双飞脚，两脚的踢出一定要在腾空之后才挺直膝部使脚前踢，不可以在起跳时就将腿伸直。②两腿踢直后要与地面呈水平状态，两脚可以并拢，也可以分开，但不能超过两肩宽度。③击拍要准确、响亮。

（三）蹦步连环脚

1. 动作

①同腾空双飞脚。②两腿屈膝全蹲，两脚跟离地掀起，仅以前脚掌着地。③左脚向前踢出，脚面绷直；左手击拍左脚面。④左腿屈膝，左脚回至原地，右脚在左脚尚未落地之前即蹬地蹦离地面向前踢出，脚面绷直；右手击拍右脚面（图2-2-8）。⑤右腿屈膝，右脚回至原地，再换左脚前踢，如此连续轮换练习。

图2-2-8 蹦步连环脚动作

2. 说明

①蹦步连环脚既要蹲得矮，又要蹦得快，踢腿要直，击响连贯。②其击拍动作，是在落步的同时进行的，不要求在空中完成。

三、跌扑滚翻动作训练

（一）抢背

1. 动作

①并步站立，右脚上前一步，右腿略屈膝，左脚在后；右手握拳随右臂屈肘上举，左手握拳随左臂屈肘放在腰前；眼看前下方（图2-2-9左）。②上身向前

卷体倾倒，右脚蹬地，左脚向后上摆起（图2-2-9中）。③以背的肩胛骨着地，两腿屈膝，团身向前滚翻（图2-2-9右）。

（左） （中） （右）

图2-2-9　抢背动作

2. 说明

①抢背在技巧运动中唤作"侧交滚翻"。滚翻时头不着地，而且要有跃起动作。开始练习抢背，可以先练"轱辘毛"。②两腿并膝全蹲，两手在身前撑地，蹬脚、屈肘、团身向前滚翻，先以头着地，继以肩背着地。这里面没有跃起动作，它与技巧运动中的"屈膝前滚翻"相同。

（二）倒跟斗

1. 动作

①并步站立，两腿屈膝全蹲，两手在身前撑地（图2-2-10左）。②上身卷体向后倒下，以背着地团身向后滚翻（图2-2-10中）。③两手向后撑地，两腿向后伸（图2-2-10右）。④两脚落地，两手推地立起。

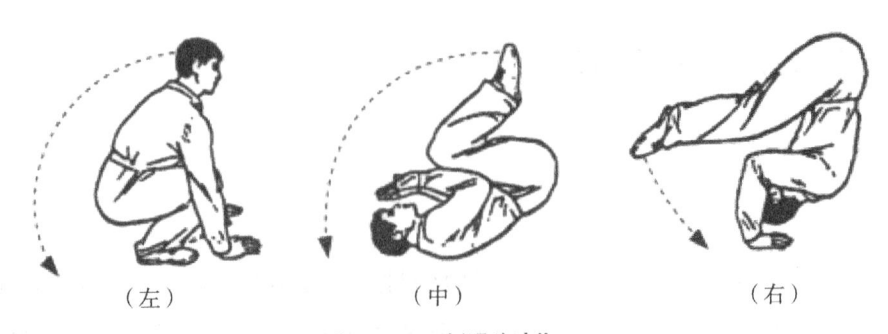

（左） （中） （右）

图2-2-10　倒跟斗动作

2. 说明

倒跟斗即技巧运动中的"后滚翻",这个动作在上身卷体向后倒下的时候,要很快地将两腿向后伸出才能成功。它要求臀、腰、背、肩依次着地,滚翻要圆。

(三)虎跳

动作:①并步站立,左臂侧平举,左手手心朝下;右臂上举,右手手心朝左;右脚离地分开(图 2-2-11 左)。②右脚向右侧落地,上身向右屈倒,左腿趁势向上摆起;右脚在此时蹬离地面,两手向地上撑去(图 2-2-11 右)。③形成开腿的手倒立姿势(图 2-2-12 左)。④左脚在左手侧面落地,右手同时离开地面(图 2-2-12 右)。⑤右脚在左脚侧面落地,左手同时离开地面,上身直起。

(左) (右)

图 2-2-11 虎跳动作 1

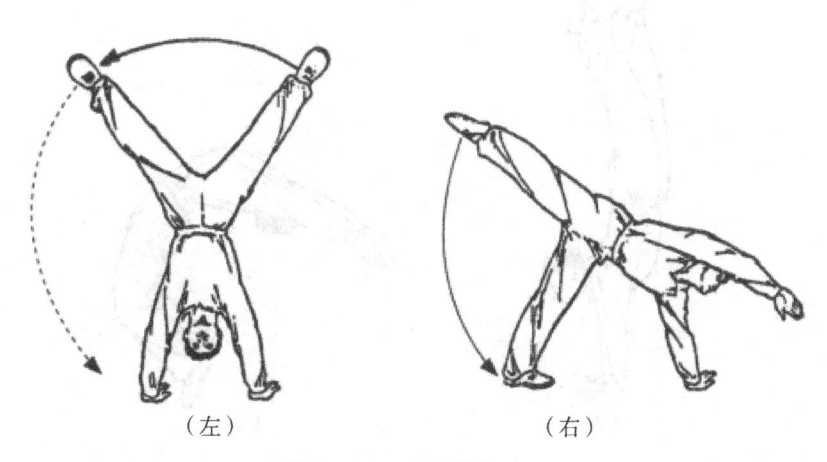

(左) (右)

图 2-2-12 虎跳动作 2

（四）加冠

1. 动作

①并步站立，左脚上前一步，右脚在后；两手直臂上举，手心朝前；眼看前下方（图 2-2-13 左）。②上身前倒，两手撑地；右腿伸直向后、向上摆起，左脚同时蹬离地面（图 2-2-13 右）。③形成倒立姿势（图 2-2-14 左）。④屈腰，两脚向前翻下落地，膝部前送使重心前移；两手同时推地（图 2-2-14 右），上身直立站起。

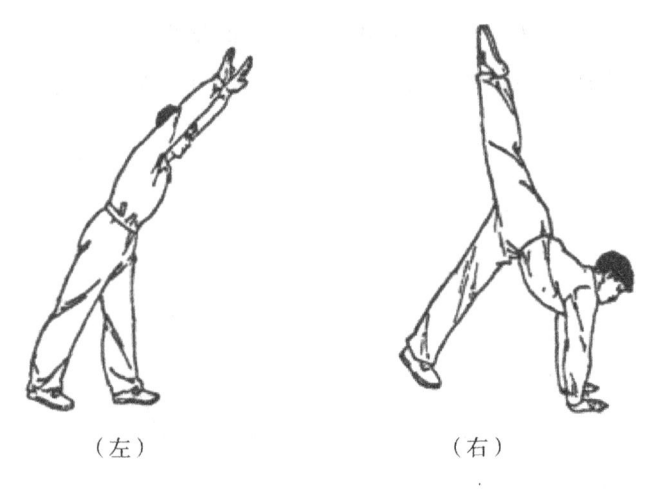

（左） （右）

图 2-2-13　加冠动作 1

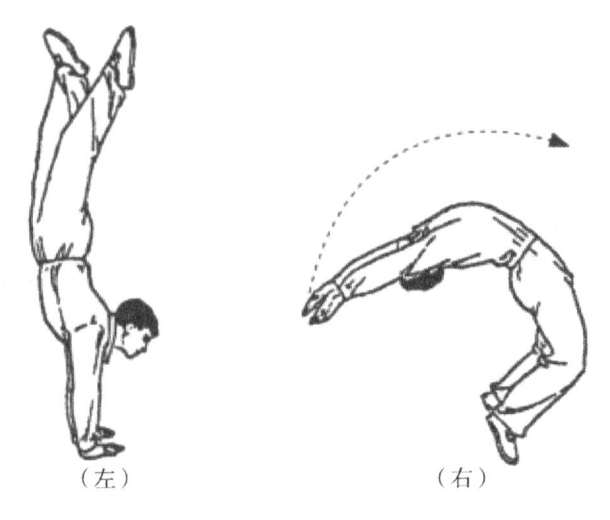

（左） （右）

图 2-2-14　加冠动作 2

2. 说明

加冠就是"前手翻"。这个动作在从倒立姿势翻下时,腰部必须尽量弯曲,头要向上抬起。在练习一个阶段之后,练习者还可以试着在倒立姿势翻下、两脚尚未着地之前,两手即推离地面使身体腾空,而后两脚再着地站起。

四、折叠旋转动作训练

(一)歇步

1. 动作

①两脚前后开步站立,左脚在前,右脚在后,两腿伸直;两手叉腰;目视前方。②两腿屈膝下蹲,使臀部坐在右小腿上,左腿叠在右大腿上,左脚尖外展45°,右脚跟离地掀起(图2-2-15左)。③略停片刻,两腿直起,脚掌碾地使上身从右向后转,变成右脚在前、左脚在后(图2-2-15中)。④两腿屈膝下蹲,使臀部坐在左小腿上,右腿叠在左大腿上,变成右歇步(图2-2-15右)。如此左右轮换练习。

(左)　　　　(中)　　　　(右)

图 2-2-15　歇步动作

2. 说明

下蹲时两脚之间的距离不要过大,必须使两腿靠近叠拢,臀部与后脚的脚跟贴近。在练习时,转身、下蹲的动作要快,蹲坐要稳。

（二）坐盘

1. *动作*

①并步站立，左腿屈膝从身后伸向右侧，两臂也伸向右侧，右腿伸直；目视右手（图2-2-16左）。②右脚蹬地跳起，左脚向左侧摆动落地，两臂同时从右向下、向左、向上摆动；此时，右腿屈膝从身后伸向左侧；眼看左手（图2-2-16右）。③右脚在身后左侧落地，两腿交叉屈膝蹲坐，使右腿盘坐在地面上，左腿叠在右腿上，上身向右侧倾斜；左手直臂在左侧斜上举，五指并拢，右臂屈肘，右手举在右肩前，五指并拢；腰左拧，头左转，仰脸，目视左手（图2-2-17左）。④略停片刻，右腿跪地站起，右脚即在身后离地提起，回至第2动作。⑤左脚蹬地跳起，右脚向右侧摆动落地，做左腿在地面上盘坐的坐盘（图2-2-17右）。如此左右轮换练习。

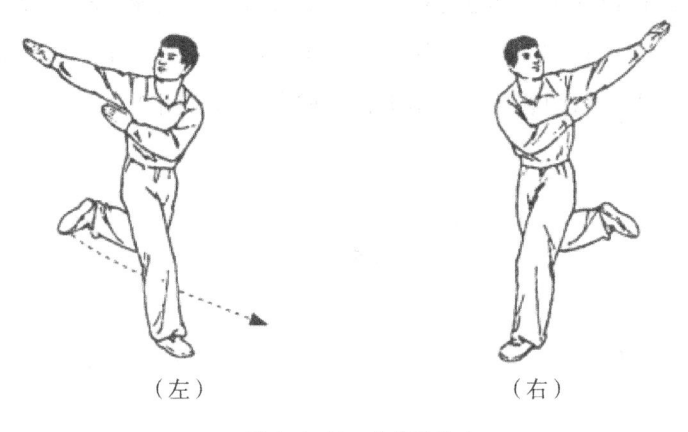

（左） （右）

图 2-2-16　坐盘动作 1

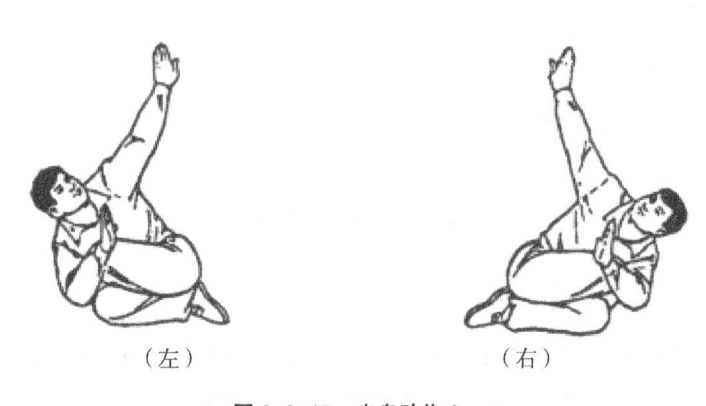

（左） （右）

图 2-2-17　坐盘动作 2

2. 说明

坐盘的折叠姿势，本是静止性的，但在基本训练中，把它与跳跃结合起来活动，这就要求动作做得更加准确。坐盘要求身后的腿必须大小腿都着地，尽量屈膝折拢；身前的腿必须使膝部贴胸；上身既要倾斜又要略向前俯，还必须保持挺胸、直背、塌腰。

（三）前扫腿

1. 动作

①并步站立，左脚上前一步，左腿屈膝下蹲；右腿在后伸直，右脚尖勾紧，踝内翻以脚底内侧部分贴地，脚底外侧部分稍离地面；上身前俯，两手在身前撑地（图 2-2-18）。②左脚跟离地掀起，以脚掌为轴，腰向左拧使右脚贴地向前扫转一周。数次之后换左腿练习。

图 2-2-18　前扫腿动作

2. 说明

①前扫腿有伏地和直身两种。上面的是伏地前扫。直身前扫的练法是：为轴的腿只做半蹲，上身正直；扫转的腿以脚底的前掌部分贴地，后跟部分微离地面；两手不撑地，以腰的转动使脚向前扫转一周至一周半。直身的比伏地的难度要大一些，在伏地前扫腿有了基础后再逐渐练习直身前扫腿就比较容易了。②前扫腿一定要用腰的力量去协助腿的扫转，腿部必须挺膝伸直。③要求能迅速扫转360°或更多些，但初练可以从扫转180°开始。

（四）后扫腿

1. 动作

①并步站立，左脚上前一步，左腿屈膝略下蹲，右腿在后伸直，右脚尖勾紧，踝内翻以脚底内侧部分贴地，脚底外侧部分稍离地面；两臂从下向前、向上振摆举起；头向右转，目视右脚（图 2-2-19 左）。②上动未停，左脚跟离地外展，左腿屈膝全蹲，上身向右下方拧腰转动；两臂随身转动向右脚处摆去，两手撑地（图 2-2-19 右）。③以左脚掌碾地为轴，右脚趁拧腰、摆臂之势贴地向后扫转一周。数次之后换左腿练习。

图 2-2-19 后扫腿动作

2. 说明

①后扫腿的关键在于拧腰转身和为轴之腿的脚跟离地外展，因此拧腰、转身、脚跟外展的动作既要连贯，又要快速，使它产生转动的惯性力量来帮助腿的扫转。②扫转时，髋要沉、腿要直、脚要贴地，两眼始终追随着右脚，上身与扫转之腿约呈 135° 的角。③后扫腿要求能扫转一周至一周半，初练时可先从扫转半周开始。

（五）磨盘扫腿

1. 动作

①并步站立，左腿屈膝全蹲，左脚跟离地掀起；右腿向右侧伸出，右脚尖里扣，踝内翻以脚底内侧部分贴地；上身前俯，两手在身前撑地（图 2-2-20 左）。

②右腿从右向前、向左扫转，当扫转至身前时，两手离开地面让右腿扫过（图 2-2-20 右），然后仍撑地（图 2-2-21 左）。③上动未停，右腿继续使腿外旋以脚外侧贴地，向后、向右扫转；当扫至后方时，左脚离开地面让右腿扫过，然后再着地；当扫向右方时，右腿内旋仍以脚内侧贴地；这样扫转一周，又呈原来的姿势（图 2-2-21 右）。

（左） （右）

图 2-2-20　磨盘扫腿动作 1

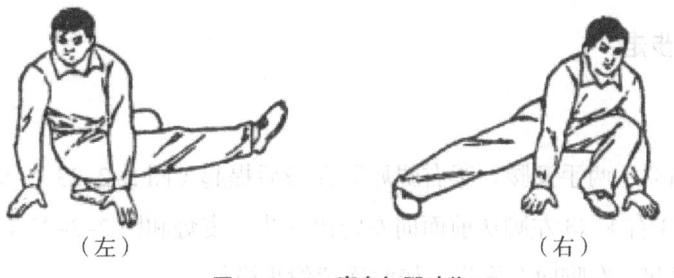

（左） （右）

图 2-2-21　磨盘扫腿动作 2

2. 说明

磨盘扫腿必须连续不停地扫转，连做 5～10 次之后再换腿练习。

五、步法训练

（一）迈步走

1. 动作

①并步站立，两手叉腰。②右腿屈膝在身前提起（图 2-2-22 左），迈过左脚向左侧落步（图 2-2-22 中）。③左脚从后面向左跨出一步（图 2-2-22 右）。④右腿再屈膝提起，右脚向左迈步，如此连续迈步横行。

（左）　　　　　　（中）　　　　　　（右）

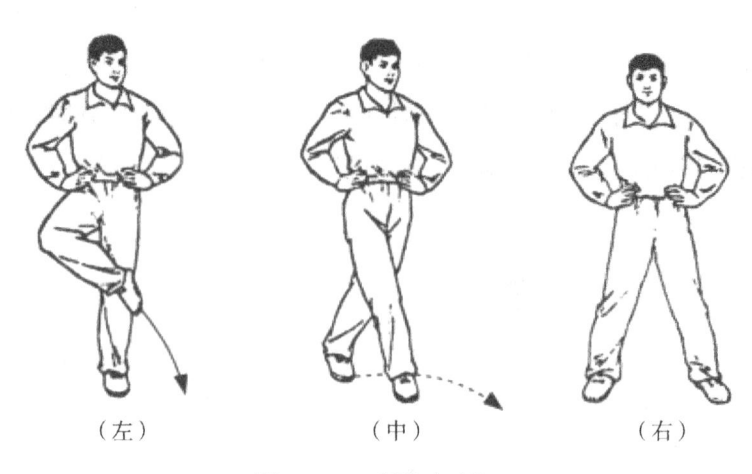

图 2-2-22　迈步走动作

2. 说明

①提膝不要过高，行走要迅速。②也要练习从左向右的迈步走。

(二) 偷步走

1. 动作

①并步站立，两手叉腰。②右腿屈膝在身后提起（图 2-2-23 左），向左侧落步（图 2-2-23 右）。③左脚从前面向左跨出一步（姿势和图 2-2-22 右相同）。④右腿再屈膝提起，右脚向左偷步，如此连续偷步横行。

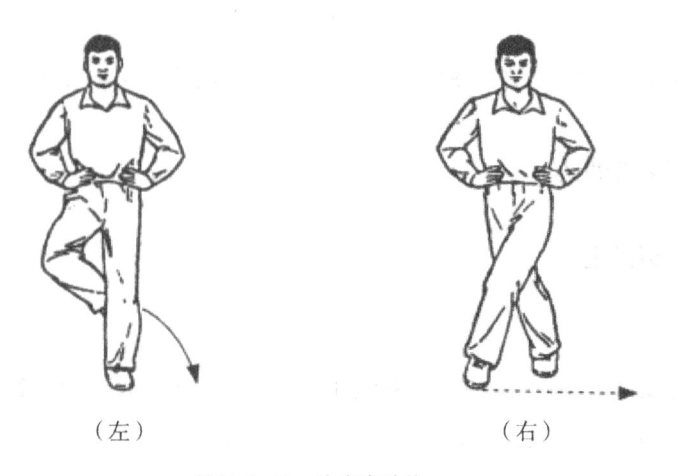

（左）　　　　　　（右）

图 2-2-23　偷步走动作

2. 说明

同迈步走。

（三）踏步走

1. 动作

①左腿在前屈膝半蹲，右腿在后挺膝伸直，呈左弓箭步；左臂在前平举，左手五指并拢，侧屈腕使手指向上；右臂在后反举，右手五指撮拢呈钩手，钩尖朝上（图2-2-24）。②右腿屈膝在左腿里侧提起，脚尖上翘（图2-2-25左），随即在左脚里侧踏地（图2-2-25右），左脚同时向前跨一步，成为与第①动作相同的左弓箭步。如此连续做，就是向前跺脚踏步走。

图 2-2-24　踏步走动作1

（左）　　　　　　　　（右）

图 2-2-25　踏步走动作2

2. 说明

当右脚踏地时左脚要立即向前跨出，使两个动作连贯起来。踏步走也要左右两脚轮换练习。

第三节 武术基本拳术训练

武术在套路运动方面，分徒手和器械两种，包含着轻快飘逸的、雄伟浑厚的、跌扑翻滚的、舒展挺拔的、短小紧削的、柔的、刚的、慢的、快的等不同的内容与形式。经过基本功和基本动作训练之后，获得了运动条件，掌握了运动技巧，按中国武术的教学程序（仅指武术的套路运动，不包括散打、击剑、刺枪等搏斗运动）来说，就可以开始进行套路运动的练习了。中国武术的训练是要经过条件培养、技巧训练和套路练习这三个阶段。当然这三个阶段也可以交叉进行。

一、拳、掌、钩、爪

（一）拳

五指卷拢握紧为拳。握拳的方法，就是五指先并拢伸直，然后将食指、中指、无名指和小指的第二、第三节指骨（有指甲的一节为第三节指骨）向内弯曲，再将第一节指骨向内弯曲。最后，弯曲拇指使它的第二节指骨紧压在食指和中指的第二节指骨上。

1. 拳的定位

①拳心——手心一面，也即是五指弯曲的一面。

②拳背——手背一面，也即是拳心的反面。

③拳面——食指、中指、无名指和小指第一节指骨互并形成的平面。

④拳眼——拇指一边的圆孔。

⑤拳轮——小指一边的圆孔。

2. 拳的变动

①俯拳——拳背朝上，拳心朝下，平伸前冲的拳，一般多为俯拳。

②仰拳——拳心朝上，拳背朝下，屈肘收在腰侧的拳，一般多为仰拳。

③直拳——拳眼朝上，拳轮朝下，由上劈砸而下，手臂平举，停在身前或身侧的拳，一般多为直拳。

④反拳——拳轮朝上，拳眼朝下，反臂斜举在身后的拳，一般多为反拳。

⑤立拳——拳面朝上，直臂上举的拳，或屈肘使拳面朝上的拳，一般多为立拳。

⑥垂拳——拳面朝下，向下栽伸的拳，一般多为垂拳。

⑦其他——凡是反臂斜举在身后，拳心朝上的拳叫作"反臂仰拳"，拳背朝上的拳叫作"反臂俯拳"。

（二）掌

五指伸直为掌。五指分开的，叫作巴掌；五指并拢的，叫作荷叶掌；拇指展开而其余四指并拢的，叫作八字掌；拇指弯曲而其余四指并拢的，叫作柳叶掌；拇指弯曲而其余四指并拢并且手心内凹的，叫作瓦楞掌等。

1. 掌的定位

①掌心——手心的一面。

②掌背——手背的一面。

③掌指——手指的前端（指尖）。

④拇指一侧——拇指一边的手掌边缘。

⑤小指一侧——小指一边的手掌边缘。

2. 掌的变动

①俯掌——掌背朝上，掌心朝下。

②仰掌——掌心朝上，掌背朝下。

③直掌——掌的拇指一侧朝上，小指一侧朝下。

④反掌——掌的小指一侧朝上，拇指一侧朝下。

⑤立掌——掌指朝上，腕关节朝手背的一面上屈，使掌背与前臂呈90°角。由俯掌部位向上屈腕，即变立掌，这种立掌也叫作正立掌。

⑥侧立掌——掌指朝上，腕关节朝拇指一侧上屈，使食指的边缘与前臂约呈90°角。由直掌部位向上屈腕，即变侧立掌。

⑦直立掌——掌指朝上，腕关节不屈。即以直掌或俯掌的手臂向上直举。

⑧倒掌——掌指朝下，腕关节朝手背的一面向下弯曲。由仰掌部位向下屈腕，即变倒掌。

⑨侧倒掌——掌指朝下，腕关节朝小指一侧向下弯曲。由直掌部位向下屈腕，即变侧倒掌。

⑩直倒掌——掌指朝下，腕关节不屈。即以直掌或俯掌或仰掌的手臂向下垂直。

⑪横掌——掌指朝左（按右掌来说），屈腕直肘。由立掌或侧立掌向左平倒（按右掌来说），即变横掌。横掌上举于头，虽掌心朝上，也还称为横掌。

⑫其他——凡是在身后反臂斜举时，掌心朝上的掌，叫作反臂仰掌；掌背朝上的掌，叫作反臂俯掌。掌在头顶上举时，掌心朝上，而掌指向后的掌，叫作仰掌，而不叫作横掌。

（三）钩

五指撮在一起，腕关节弯曲为钩。

1. 钩的定位

①钩尖——撮在一起的五指尖端。

②钩顶——腕关节弯曲凸起的地方。

2. 钩的变动

①正钩手——钩顶朝上，钩尖朝下。

②反钩手——钩尖朝上，钩顶朝下。反臂后举时，一般多为反钩手。

③横钩手——钩顶与钩尖横列平行。

（四）爪

在拳术中的爪，分龙爪、虎爪和鹰爪三种。

1. 龙爪

食指、中指、无名指和小指并拢，拇指伸开；腕关节尽量向手心的一面弯曲，拇指下垂尽量向前臂处牵引，而其余四指向手背一面伸张。

2. 虎爪

五指分开，第二节指骨和第三节指骨略向手心弯曲。

3. 鹰爪

食指、中指、无名指和小指并拢，拇指张开；五指第二节指骨和第三节指骨略向手心弯曲。

二、弹腿

（一）第一路：冲拳

1. 预备姿势

（1）口令

弹腿预备。

（2）动作

①立正，两脚并拢，左手拇指一侧向上直臂向左平举。②左臂上举，从头部右侧下落，屈肘，停在右肩处，屈腕立掌，掌心朝右（图2-3-1左）。③右手握拳，屈肘，从左前臂里面穿向右侧，平伸击出，拳眼朝上，呈直拳（图2-3-1右），左手立掌不动，唯以拇指叉在右腋下。

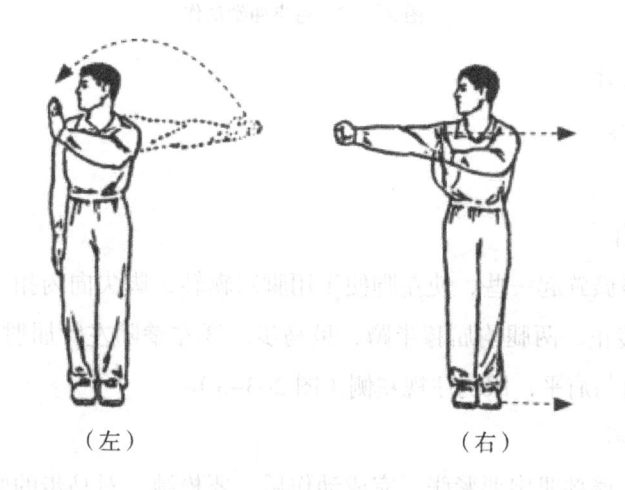

（左） （右）

图 2-3-1 弹腿预备姿势动作

（3）要领

当左手做动作时，眼睛注视左手；当右手做动作时，眼睛注视右手。

2. 弓步冲拳

（1）口令

一。

（2）动作

①头向左转，两眼注视前方。②左脚向左跨出一步，左腿屈膝；右脚不动，腿部挺直，脚尖略向左，呈左势弓箭步。③左掌握拳向左平伸击出，拳眼向上，两臂呈一条水平线（图2-3-2）。

图2-3-2　弓步冲拳动作

3. 马步屈肘

（1）口令

二。

（2）动作

①上身略微耸起一些，使左脚便于用脚跟辗转，脚尖向内扣。②上身随左脚尖的内扣而转正，两腿均屈膝半蹲，呈马步。③左拳随左臂屈肘放在左肩前面，拳心朝下，肘与肩平；眼仍注视左侧（图2-3-3）。

（3）要领

屈肘时，臂部肌肉要紧张，完成动作后，要松弛。对马步的要求与基本功训练中的马裆步相同。屈肘的要求是，左肘与右拳眼要呈一条水平线。屈肘的拳，腕部不要弯曲。

图 2-3-3　马步屈肘动作

4.弓步撩拳

（1）口令

三。

（2）动作

①左拳下降至左膝部。②左脚以脚跟为轴，使脚尖向左转，右脚以前脚掌为轴，使脚跟向右转；上身随之向左转；右拳臂内旋，使拳眼朝下。③左拳向身后平举，此时两腿又呈左势弓箭步，右拳向下经前向左上直臂撩起（图 2-3-4）。

图 2-3-4　弓步撩拳动作

（3）要领

①第二、第三动作要联合进行，既要转身变弓箭步，又要向身后举拳，还要向身前撩拳。②后举的拳和前撩的拳，两拳眼均朝上，两臂均与肩平。③弓步撩拳的弓箭步是个拧腰的弓箭步，要特别注意后面的脚跟不要拔起。

5.挽臂擂拳

（1）口令

四。

（2）动作

①右拳臂内旋，使拳眼朝下。②屈肘向左胁前挽回。③以拳背从左胁前向上、向前、向下猛擂，肘关节屈收在腰际，拳心朝上（图2-3-5）。

（3）要领

在屈肘挽臂时，不要用力；在擂拳时，要像擂鼓那样地用力擂。在完成动作之后，臂部肌肉立即放松，不要紧张。

图 2-3-5　挽臂擂拳动作

6.寸腿弹踢

（1）口令

五。

（2）动作

左腿屈膝，右脚离地提起，脚趾使劲，用力向前踢出。踢出后脚高不过膝（图2-3-6）。

（3）要领

可参考基本功训练中的弹腿动作训练。

图 2-3-6 寸腿弹踢动作

7. 弓步冲拳

（1）口令

一。

（2）动作

①踢出之右脚向前落地，右腿屈膝，左脚不动，左膝部挺直，呈右势弓箭步。②右拳在右脚落地时向前平伸击出，拳眼朝上，与前面的弓步冲拳恰呈相反姿势（图 2-3-7）。

（3）要领

参考前述的弓步冲拳。

图 2-3-7 弓步冲拳动作

8. 立定收势

（1）口令

立定。

（2）动作

①右脚以前脚掌为轴使脚跟转向正后方（预备姿势时的正前方），右膝挺直，左脚向右脚并拢，立直。②左拳变掌上举过头，屈肘下降，放在右肩前，右拳在左掌上举时下降在右腿侧旁，并在左臂屈肘时，也屈肘从左臂内侧穿出向右侧平击。此时姿势和预备姿势完全相同，但是方向相反。其实，第1路的立定收势，就是第2路的预备姿势（图2-3-8）。

图 2-3-8　立定收势动作

（二）第二路：十字腿

1. 马步冲拳

（1）口令

一。

（2）动作

①如图2-3-8的虚线所示，左脚向左跨出一步，两腿屈膝下蹲，呈马步；右拳变掌，弧形左移，放在左肩前面。②右掌变拳，收至右腰侧，左掌也变拳，向左平击；目视左拳（图2-3-9）。

图 2-3-9　马步冲拳动作

（3）要领

①上身必须挺胸塌腰，两肩外展。②收在腰侧的拳，拳背朝下，肘要向后贴；击出的拳，拳心朝下，拳与肩平，腕要平直。③击拳要用力，击后要放松；击拳总是先紧张，后松弛，以后不再说明了。④马步的要领与基本功训练中的马裆步相同。

2. 弓步冲拳

（1）口令

二。

（2）动作

左脚以脚跟为轴，右脚以前脚掌为轴，使上身左转变成左势弓箭步；左拳臂外旋，使拳心朝上，屈肘收至左腰侧；右拳臂则向前内旋平伸击出，拳心朝下；目视右拳（图 2-3-10）。

（3）要领

转身、收拳、击拳三个动作必须同时进行，不分先后。

图 2-3-10　弓步冲拳动作

3.十字腿

（1）口令

三。

（2）动作

右拳臂外旋，使拳心朝上，屈肘收至右腰侧；左拳臂则向前内旋平伸击出，拳心朝下；左脚不动，右脚向前蹬踢，脚尖上翘（图2-3-11）。

（3）要领

收拳、击拳、踢脚三个动作必须同时进行；蹬踢的脚要与击出的拳相接近，不要过低或过高。

图2-3-11 十字腿动作

4.马步冲拳

（1）口令

一。

（2）动作

右脚向前落地，变成反方向的马步；左拳臂外旋收至左腰侧，右拳从腰侧向右平伸击出（图2-3-12）。这是第2路中的反动作的第1势，接下去是两个反动作，然后再变三个正动作，才又出现图2-3-12的反动作。

（3）要领

"同1.马步冲拳"。

图 2-3-12　马步冲拳动作

5. 立定收势

（1）口令

立定。

（2）动作

两腿立直，左脚向右脚靠拢；左、右手的姿势和上述的预备姿势相同，即与第 1 路的预备姿势完全相同。

在弹腿歌诀中，第 2 路称为"左右十字奔脚尖"。其步型仍然是马步和弓箭步，对下肢肌肉的发展和第 1 路并没有两样。但它的马步姿势由于对上身提出了两肩外展、挺胸塌腰的要求，因此对胸大肌、背阔肌、臀中肌、臀大肌的发展比第 1 路更为有效。

三、短打

（一）第一段

1. 预备姿势

（1）跨虎

①口令：短打预备——。

②动作：第一，站好立正姿势（图 2-3-13 左），右臂自右侧向上屈肘举起，掌心朝上；左臂屈肘，左手放在腰前，掌心也朝上（图 2-3-13 右）。第二，右手经面前下落，同时左手经右手背向左上穿出，右手下落在左腋前（图 2-3-14 左）。

第三，左手继续向左下方绕环，至身后斜举呈反臂钩手；右手同时由左腋处下沉，向右上方抄掌，屈腕举在头顶上，掌心朝上；此时右腿屈膝下蹲，左腿向前伸出，以脚尖外侧点地，膝部微屈；目视左方（图 2-3-14 右）。

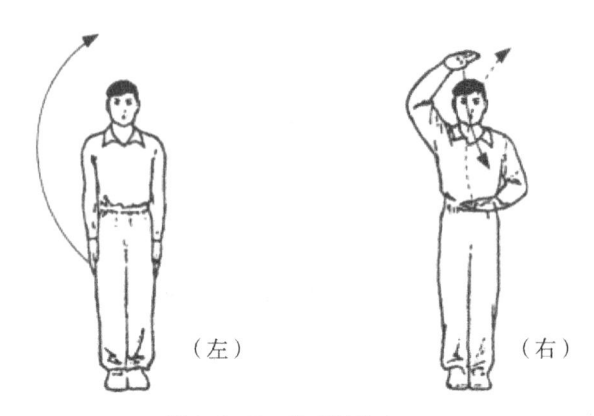

图 2-3-13　跨虎动作 1

图 2-3-14　跨虎动作 2

③要领：第一，这里的两臂动作是回环运动，所以上述的动作必须连贯进行。第二，身体的重心必须落在右腿上，左脚虚点地面；右手屈腕要稍用劲，左反钩手也要稍稍用劲屈腕，左臂尽量后举；要挺胸塌腰，不能因左臂的后举而驼背拱腰。第三，两眼在右手上举时，注视右手；在左手上穿时，注视左手；右手向右抄掌时，视线随右手绕环；在呈跨虎姿势时，脸向左转，目视左方。

④功效：主要发展上肢的二头肌、三角肌、腕肌、背阔肌、胸大肌和下肢的臀大肌、股二头肌、缝匠肌、腓肠肌、胫骨前肌。

（2）并步双钩

①口令：短打预备——二。

②动作：左脚向前跨进一步，右脚跟上与左脚并拢，两腿直立；左钩手不动，右掌在并步时，即由身前下降，并向身后屈腕反举，也呈反钩手（图2-3-15）。

图 2-3-15　并步双钩动作

③要领：要挺胸、收腹、塌腰，肩向外展，呼吸正常；两臂伸直，两腕用劲屈。

④功效：主要发展斜方肌、三角肌、肱三头肌、肱二头肌、桡侧腕屈肌、尺侧腕屈肌，并能帮助胸部扩展。

（3）托掌

①口令：短打预备——三。

②动作：两脚不动；右钩手变掌由身后向右上方直臂举在头顶上，屈腕托掌，掌心朝上；左钩手变掌由身后向左、屈肘经面前收在右腋处，翘腕直立，呈正立掌，五指朝上，掌心朝右（图2-3-16）。

③要领：右掌上托时，必须抖腕；左肘要贴靠胸前；目仍视左方。

图 2-3-16　托掌动作

2.弓步撩掌

（1）动作

①右腿屈膝全蹲，左腿向左伸出，呈左仆步，脚尖向里扣；右掌由上向左肩外侧下落，翘腕呈正立掌；此时两臂在胸前交叉，右手落在左臂外面（图2-3-17）。②右腿伸直，右脚脚尖里扣；左脚以脚跟碾地，使脚尖转向左方，左腿屈膝为左势弓箭步；右掌从左肩外侧下沉，向右后方反臂斜举为反钩手；左掌自右腋下外旋变掌心朝上，向左前方挑腕撩掌，呈侧立掌（图2-3-18）。

图2-3-17　弓步撩掌动作1

图2-3-18　弓步撩掌动作2

（2）要领

在仆步时，上身要向前略倾，不可拱背撅臀。在弓步时，身体重心落在两腿之间，不要偏向左侧。

（3）功效

发展上肢的三头肌、三角肌、桡侧腕伸长肌和下肢的股直肌、胫骨前肌、腓骨长肌、比目鱼肌以及臀大肌、阔筋膜张肌、腰背筋膜肌、腹外斜肌和背阔肌等。

3. 提膝挑掌

（1）动作

①上身向前俯；左掌臂内旋，使拇指朝下呈反掌，并向左横扫；头也转向左侧，目视左掌（图2-3-19）。②左掌向右直臂挑腕撩起，呈侧立掌平举；上身也右转，面向正前方，右脚以前脚掌碾地，帮助身体右转，左腿同时离地向身前屈膝提起，左脚脚面绷平，脚尖朝下；右钩手不动（图2-3-20）。

图 2-3-19　提膝挑掌动作 1

图 2-3-20　提膝挑掌动作 2

（2）要领

①上述两个动作要连贯进行，不要停顿。②提膝时，右脚除用脚掌碾地使脚跟转向正后方外，不可挪动；提膝后，左膝要尽量上提，脚面绷平。③在单腿独立平衡时，不要摇摆不稳。

4.马步挎肘

（1）动作

①左脚向左落步，左掌变反掌由身前向左下方横扫，身体左转（图2-3-21）。②右脚向前跨步，上身再向左转，两腿屈膝为骑马势；左掌变拳在右脚跨步时，屈肘收于左腰侧；右钩手变拳，由身后向身前屈肘上冲，拳心向脸部，像挎东西那样；目视右方（图2-3-22）。

图 2-3-21　马步挎肘动作 1

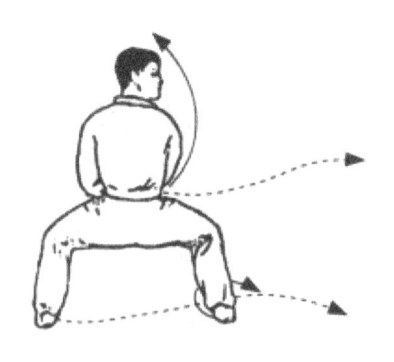

图 2-3-22　马步挎肘动作 2

（2）要领

①以上两个动作要连贯进行，不要停顿。②骑马势时的两膝要外展，脚尖要里扣，以免形成八字脚；胸要挺，腹要收，腰要塌，免得凸肚撅臀；不要只以胸部呼吸。

5. 马步架打

（1）动作

①右脚以前脚掌碾地，左脚向右侧上一步，身体向右后转，面对正前方，两腿屈膝为马步。②右拳在左脚上步时，使前臂内旋，并屈肘横架头上；左拳在马步形成后由腰际向左侧平击，呈俯拳。目视左拳方向（图2-3-23）。

（2）要领

右肘要向后展，以扩展胸部。

（3）功效

除能发展下肢肌肉外，还能发展背阔肌、斜方肌、菱形肌、肩胛提肌。

图 2-3-23　马步架打动作

6. 护头架打

（1）动作

①右拳从头顶下落，收在右腰侧（图2-3-24左）。②右脚以前脚掌碾地，使脚跟外转，膝部挺直；左脚以脚跟碾地，使脚尖外展，膝部弯曲，变成左势弓箭步，上身左转；左拳变掌，屈肘上举护头。③右拳由腰际向前平击，呈俯拳；目视右拳（图2-3-24右）。

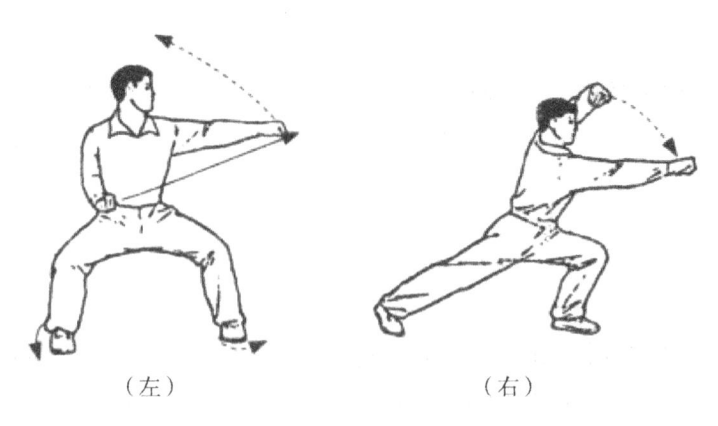

（左）　　　　　　　　（右）

图 2-3-24　护头架打动作

（2）要领

①动作要连贯进行。②弓步护头架打，腰要向左略拧，右肩前送使右拳尽量前伸，但不能因拧腰和送肩而使后脚拔跟或移动，甚至使步势变高。

（3）功效

发展胸大肌、前锯肌、腹外斜肌、背阔肌和下肢肌肉。

7. 仆步单鞭

（1）动作

①左掌由头顶下落拍击右拳背。②右拳变掌与左掌一起向下、向内、向上屈腕绕转，使掌心翻向上面（图 2-3-25 左）。③左腿伸直，右腿屈膝，呈左仆步，上身右转；右掌由前向下、向后、向上绕环，屈肘横于头顶上，掌心向上；左掌由前上举，向身后下沉呈反钩手，五指撮拢；目视左方（图 2-3-25 右）。

（左）　　　　　　　　（右）

图 2-3-25　仆步单鞭动作

（2）要领

①横掌、钩手、仆腿三个动作要同时进行，视线随右掌移动，至形成仆腿单鞭姿势时，目视左侧。②左钩手斜举身后要尽量向上，右掌腕部要尽量屈，上身略向左倾，胸要挺。

（3）功效

主要锻炼腹外斜肌、背阔肌、肱三头肌、肱二头肌、肱桡肌、指浅屈肌、尺侧腕屈肌等，投入仆步工作的下肢肌肉也会得到锻炼。

8.提膝穿掌

（1）动作

①右腿伸直立起，左腿屈膝提起，左脚脚面绷平，脚尖朝下。②左钩手变掌，左臂屈肘由身后从右前臂上穿向身前，屈腕立掌推出。③右掌向前落下，当左掌穿过时，向身后反臂举起，呈反钩手；目视左前方（图2-3-26）。

（2）要领

穿掌、钩手、提膝三个动作要同时进行。

图 2-3-26 提膝穿掌动作

9.马步拷肘

动作与前述的由提膝挑掌进入马步拷肘的动作完全相同（图2-3-27）。

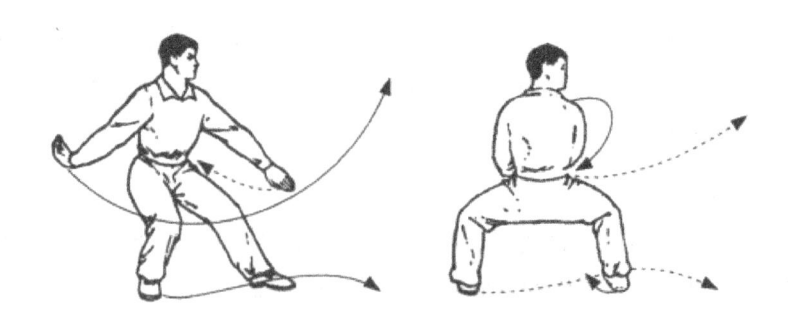

图 2-3-27　马步拷肘动作

10. 弓步冲拳（左）

（1）动作

右脚前脚掌碾地，使上身右转，左脚前进一步，左腿屈膝，呈左势弓箭步；右拳在转身时随右臂屈肘收于右腰侧；左拳在形成弓箭步时，由腰际向前平击，呈俯拳；目视左拳（图 2-3-28）。

图 2-3-28　弓步冲拳动作（左）

（2）要领

冲拳时，肩要前送，以助长冲力及冲距；右拳要贴紧腰际，肩部微向身后牵扯而不要上耸。

（3）功效

主要锻炼拳臂的冲击力量。

11. 弓步冲拳（右）

动作：右脚向前进一步，右腿屈膝，左腿伸直，呈右势弓箭步，身体左转；左拳收至左腰侧；右拳从腰际向前平击，呈俯拳；目视右拳（图 2-3-29）。

图 2-3-29　弓步冲拳动作（右）

12. 并步立定

动作：右脚前脚掌碾地，使上身左转，右腿直立，左脚向右脚并拢；左拳变掌，与右拳做弹腿那样的立定动作（图 2-3-30）。

图 2-3-30　并步立定动作

（二）第二段

1. 弓步撩掌

（1）口令

短打第二段——一。

（2）动作

①右腿屈膝下蹲，左腿向左平铺伸出；右拳变掌由右侧上举，形成立掌落于左肩外侧（图2-3-31）。②右腿伸直，左腿屈膝，上身左转，呈左势弓箭步；左掌向前直臂挑腕撩起，呈侧立掌；右掌向身后反臂斜举呈反钩手；目视左掌（图2-3-32）。

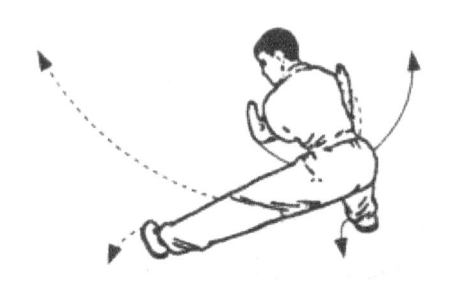

图 2-3-31　弓步撩掌动作 1

图 2-3-32　弓步撩掌动作 2

要领和功效与第一段口令一相同。

2. 弹踢

（1）动作

右脚向前用力弹踢（图 2-3-33）。

图 2-3-33　弹踢动作

（2）要领

右脚踢出时，要用力，五趾抓紧，脚面绷平，高度以不超过左膝为适宜，左腿仍屈膝，上身略向前倾。

（3）功效

主要发展股二头肌、股直肌、腓骨长肌、腓肠肌、趾长屈肌和长屈肌等。

3. 马步挎肘

动作：右脚落步，左脚前脚掌碾地，使上身左转，两腿屈膝呈骑马势；左掌变拳收至左腰际，右钩手变拳由下向上挎肘；眼视右侧（图 2-3-34）。

图 2-3-34　马步挎肘动作

要领和功效与第一段的马步挎肘相同。

4. 弓步冲拳（左）

动作：左脚向右上一步，左腿屈膝，右腿挺直，呈左势弓箭步；身体右转；右拳收至右腰侧；左拳向前平击，呈俯拳；目视左拳（图2-3-35）。

图 2-3-35　弓步冲拳动作（左）

要领和功效与第一段的弓步冲拳（左）相同。

5. 弓步冲拳（右）

动作：右脚向前上一步，身体左转，呈右势弓箭步；左拳收回，右拳冲出（图2-3-36）。

图 2-3-36　弓步冲拳动作（右）

要领和功效与第一段的弓步冲拳（右）相同。

6. 弓步冲拳（左）

动作：左脚向前上一步，身体右转，呈左势弓箭步；右拳收回，左拳冲出（图 2-3-37）。

图 2-3-37　弓步冲拳动作（左）

7. 弓步冲拳（右）

动作：右脚向前上一步，身体左转，呈右势弓箭步；左拳收回，右拳冲出；目视右拳（图 2-3-38）。

图 2-3-38　弓步冲拳动作（右）

8.并步立定

动作：和第一段的并步立定相同，可按如图 2-3-39 所示的虚线和实线的方向进行（图 2-3-39）。

图 2-3-39　并步立定动作

第四节　武术基本技法训练

武术运动的技法，由于拳种的不同、套路体裁的不同，有着不同的要求。这里是一般的最基本的技法，概括为"四击""八法""十二型"，总称为"二十四要"。

一、四击

"四击"，就是指武术中的踢、打、摔、拿四种技击法则。凡是含有技击动作组成部分的武术运动，在技击内容方面都离不开这四种技击法则的范畴。这四种法则各有各的运动规律、内容与方法。例如，踢包括蹬、踹、分、摆、弹、缠、扫、挂等；打包括冲、撞、挤、靠、崩、劈、挑、砸、撑、搂、拦、采、捯、勾、抄等；摔包括掤、巩、揣、滑、倒、爬、拿、捋、捣、勾等；拿包括刁、拿、锁、扣、封、闭、错、截等。这些内容都有它们规定的运动方法。例如，踢法中的蹬、踹、铲，都是屈伸性的腿法。但蹬的运动方法规定脚尖朝上、脚心朝前，力点在脚跟；

踹的运动方法规定脚尖横向、脚心朝前，力点在脚心；铲的运动方法规定脚尖横向、脚心朝下，力点在脚外侧的边缘部。在做动作时，不允许蹬踹不分，方法不明。

中国的武术运动对技击的运动规律要求非常严格。例如，武术器械运动中的单刀，依据运动规律，可以做一个"缠头裹脑"的动作，或者做一个"捋背缠腰"的动作，允许它从人的背部来回运动。但是，剑就不允许这样做了。如果在练剑的时候，习武者做了一个不是剑的运动规律所允许的"缠头裹脑"的动作，就一定会受到批评，会被认为"不懂道理"（不懂运动规律），或者批评"这套东西"（套路）不合"规矩"。再如，太极拳中的踢法有分脚、踢脚、蹬脚、摆莲等四种不同的运动规律。习武者如果不理解它们，不熟悉它们各自的运动规律，就会在运动时不能正确掌握它们的运动方法，对分、踢、蹬三种分不清楚，也就表达不出它们不同的真实意义，显示不出"动作语汇"的丰富和美丽。

所以，习武者必须首先要熟悉、理解和掌握各种技击动作的运动方法和运动规律，掌握牢它们不同的力点、方位和路线，熟悉它们不同的运劲程度和运动速度，并要在运动过程中把它们清清楚楚地表达和刻画出来，还要严格地遵守运动规则。

二、八法

"八法"是指"手眼身法步，精神气力功"，关系着人体的上肢、头部、躯干、下肢、精神、呼吸、力量和技术的"手法、眼法、身法、步法、精神、气息、劲力和功夫"八个部分。中国的武术运动对这八个部分在运动方式和方法上的要求是："拳如流星，眼似电；腰如蛇行，步赛粘；精要充沛，气宜沉；力要顺达，功宜纯。"现将这八个部分的要点分别说明如下：

（一）拳如流星

"拳如流星"，是对上肢"手法"所提的运动要求，要求"手法"的运动必须像流星般的轻快、敏捷、有力。不仅在拳、臂挥舞时要这样，在掌、腕的细致动作里也要这样，即使是一个抖腕、刁手的小动作，也要做得利落、干净，没有拖泥带水的感觉。

上肢运动要达到"拳如流星"的要求，就必须松肩活肘。如果肩僵肘死，则上肢"手法"动作就显得呆板、迟缓；由速度而产生的力量，也会因此而发挥不出来。

（二）眼似电

"眼似电"是对头部"眼法"所提的运动要求。"眼法"在武术运动里不是单独活动的，而必须是"眼随手动""目随势注"。这种手到哪里眼就到哪里的"眼法"变化，不仅与"手法"有着密切的关系，也与颈部的活动有关。如果拳向左侧冲出，颈部不活动，头不向左转，那么就会形成"斜眼"瞄拳的怪相。因此，随着"眼法"的左顾右盼、上瞻下视，颈关节的灵活和转头变脸的快速也是必要的。同时，更重要的是，"眼法"还涉及武术动作的意向问题。一般来说，武术的动作都有它的意向，进则是攻，退则是守，即使是静止时的拳势也含有"伺机待动"的意向。如果习武者能把每个动作和势式的意向表现出来，那么武术运动就会生动活泼，否则就会空洞无力。

"眼法"是武术动作的意向趋向传神的关键。例如，当向前进攻的动作时，眼睛一定要注视着前方，如果看向旁边，那么该动作就失掉了进攻的意向；如果在前进动作的过程中出现了突然向后转身的动作，那么这意味着回击身后来的侵犯，这时一定要先回头，目光向后一扫，然后再迅速转身接做下面的动作，如果习武者不先用目光向后一扫就转身出手，那么这个回击的动作也不会传神。至于静止时的拳势，必须使眼神向前凝视，目光像"闪电"般锐利，这样才能把"伺机待动"的意向表现出来。中国的武术运动特别强调传神，因此"眼法"必须做到"眼随手动""目随势注""眼如闪电"。

（三）腰如蛇行

"腰如蛇行"是对躯干"身法"所提的运动要求。"身法"在武术运动里分为：闪、转、展、缩、冲、撞、挤、靠、折、弯、俯、仰。这些"身法"的变化多是"主宰于腰"，因而，"腰如蛇行"的"身法"要求，一方面是要求各种"身法"在运动的时候要像"蛇行"那样灵活，有曲折、有变化；另一方面也要求提升胸椎和腰椎的柔韧性，使动作做得既柔软又坚韧。

"身法"包括胸、背、腰、腹、臀五个部分。一般的武术运动都非常讲究挺胸、含胸、直背、拔背、塌腰、沉腰、收腹、鼓腹、敛臀、缩臀等运动方式和方法。挺胸、直背、塌腰、收腹、敛臀的方式方法，一般多使用在由活动性动作进入到静止性动作的时候。在活动的时候，要求"身法"灵活多变；而在静止的时候，则要求胸、背、腰、腹、臀的"身法"完整、正确。所谓"招要圆，势要正""动圆定方"。如果在定势时拱背、弯腰、凸腹、撅臀，那完全可以想象到它是不健康、不优美的。但是，在活动的时候，仍是使用"挺胸"，那就会使胸椎僵硬、腰椎失去灵活，影响和阻碍"身法"的曲折变化。所以，"身法"要做到"体随势变"，根据不同的动作采取不同的方式方法。

（四）步赛粘

"步赛粘"是对下肢"步法"所提的运动要求。"先看一步走，再看一伸手"，人们常说"打拳容易，走步难"。"步法"在武术运动里的确是比较难以处理的。它不仅要快，还要"像粘在地上一样"，不掀脚，不拔跟，不能受上肢、躯干活动的影响，而是要在运动中给上肢、躯干的活动提供必要的稳固条件。"步不稳则拳乱，步不快则拳慢""步法"的稳固和轻灵快速直接影响着武术运动的质量，因此必须满足"步赛粘"的要求，使下盘扎实。

武术运动里的手法、眼法、身法、步法，在运动过程中并不是分割开来孤立进行的，而是"眼随手动，步随身转"，手到、眼到、身到、步到，协调一致，紧密配合，这样才能使动作完整、和谐。

（五）精要充沛

"精要充沛"是对内在的"精神"所提的运动要求。应该把它理解为精神饱满、精神贯注，就是所谓"精足则神满"。如果精神不饱满，那么动作就显得单调、空虚，没有气魄，只有皮肉，没有血。而精神要饱满到怎样的程度呢？在武术运动中，精神要饱满得像雷霆万钧，像江河的怒潮，要显示出"怒"的气魄。然而，这种愤怒气魄并不是表现在脸上，而是贯注在运动之中。这与中国的书法完全相同，"怒"在书法上面而不是怒在人的脸上。《紫桃轩杂缀》曾称："惊沙振蓬，狞兽渴骥，与担夫之争，公孙之舞，嘉陵江之水声，皆怒也。"[1]这里所说的"担夫之争"，就是书法；"公孙之舞"，就是唐代公孙氏舞练的剑术运动。精神饱满，气

---

[1] 姜寿田. 中国书法理论史[M]. 上海：上海书画出版社，2019.

魄怒振，拳势才能雄伟。怒又不是凶狠，凶狠则拧眉横目、龇牙咧嘴，这在武术运动里是绝不允许的。习武者要具有"怒"的气魄，就必须在思想上具备武术的战斗意识。

（六）气宜沉

"气宜沉"是对"呼吸"所提的运动要求。"呼吸"在武术运动里关系着运动的持久性，也关系着劲力的推动。一些结构复杂、动作快速、运动量大的武术运动项目，对氧的需要量极大。如果习武者不善于掌握和运用"气沉丹田"的腹式呼吸的方式方法，就很容易气血上涌，使气息停留在胸间游动。气往上浮则内部空虚，空虚则气促，气促则吸入的氧不足，氧不足则力短，力短就不能使运动持久，习武者就会面色发白，呼吸短促，头晕恶心，动作紊乱，运动的平衡性也就遭到了破坏。所以，在运动的时候，习武者必须运用腹式呼吸法，善于"蓄气"，这样才能使运动持久，保持运动的平衡，也才能符合矫捷、矜持、从容不迫的要求。

武术运动的"呼吸"方法，除了"沉"之外，还有"提""托""聚"三法，合谓"提、托、聚、沉"。在一般的情况下，在由低动作进入到高动作或由跳跃动作到高动作的时候，应该运用"提"法；在高势或低势的静止性动作出现的时候，应该运用"托"法；在刚脆、短促的动作出现的时候，就该换用"聚"法；在由高动作进入到低动作的时候，应该运用"沉"法。这些呼吸方法随着动作而进行变化的时候，始终遵循着"气宜沉"（实际是指蓄气而言）的基本要求。在不同动作、不同情况下，习武者巧妙地运用各种不同的呼吸方法，是武术运动里颇为重要的问题，必须在实践中逐步地掌握它。同时，运用也要自然，不能故意做作。

（七）力要顺达

"力要顺达"是对"劲力"所提的运动要求。武术运动是要使劲、发力的。否则，运动就没有分量，就显得飘浮、松懈。但是，如果使劲和发力不恰当、不"顺"，也会使运动僵硬、死板。武术运动最忌"僵劲硬力"，而是既要用力又要顺达。"顺"，就须从"三节""六合"着手。

"三节"，以上肢来说，手是梢节，肘是中节，肩是根节；以下肢来说，脚是梢节，膝是中节，胯是根节。"六合"，就是手、肘、肩、脚、膝、胯六个部位的配合（也有以眼、心、意、气、力、功为"六合"的，那是有关技击意识和技击实践的方式方法）。例如，甩手、云手、向上抖手等动作，必须是"梢节起，中节随，根节追"三节均动，劲力才能顺达。又如，腿用力向前弹踢，必须是"起于根，顺于中，达于梢"，三节贯通，才能使力顺而不僵硬。

（八）功宜纯

1. 体势要工整

每个动作势式都必须按照一定的规格要求，做到准确、齐正、匀称，结构严整，路线清楚，一丝不苟。如果武术的动作和势式做不到"整"，则不仅显得难看，力量也不容易发挥出来。例如，"弓步冲拳"这个简单的动作，如果做成耸肩、弯腰、屈腿、撅臀，结构缩成一团，不舒展匀称，那一定是很难看的；同时，由于腿屈、腰弯、肩耸，难以使力量蹬之于腿、主之于腰、送之于肩、顺之于臂、达之于拳，冲拳的力量就不能上下贯通完整地发挥出来。所以"功宜纯"，体势必须工整、匀称，做到一个"整"字。

2. 筋骨要遒劲

组成动作势式的"五骨"，每根线条都要具有遒劲。动作势式仅仅做到"整"是不够的，如果缺乏遒劲，则只有皮肉没有筋骨，就成了空洞欲塌的架势。因此，只有"体称劲遒"才能说是形质完备。要使"五骨"具有遒劲，须从"撑、拔、张、展、勾、扣、翘、绷、顶、塌、收、沉"等方法着手。例如，"弓步双推掌"这样一个动作势式。躯干这根线条的遒劲就在于它的头向上"顶"，下颌向里"收"，项背向上"拔"，胸向外"张"，腰向下"塌"；上肢两根线条的遒劲，则在于肩向下"沉"，臂向前"撑"，掌指向手背一面"绷"，手腕向拇指一侧上"翘"。至于下肢两根线条的遒劲，在于它前面腿的膝向前"顶"，胯向外"展"，髋向下"沉"，后面腿的膝向后"绷"，髋向下"沉"，脚向下、向后"撑"，脚尖向里"扣"。这样，五根线条都由于肌腱韧带的极力伸缩而处在紧张的状况之下，具有剑拔弩张之势，遒劲就由此产生出来了。

3. 心力要坚强

这是要求内心要鼓足一股劲。武术的形体动作都有意向，要把动作意向表现得完美，内心必须参与活动。这个特点决定了武术的形体动作一定要"心动形随"，随着内心意识的活动而运动。如果心力不坚，那么形体的动作势式就会松懈，遒劲也不可能刚健，所谓"心力不坚，则无劲健"，导致动作的意向更难以表现出来了。如果动作没有意向，运动就失掉了生气。因此，心力要坚，要使内心里的一股劲和形体动作的一股劲两者结合起来，成为"合力"。这样才能做到劲力遒健，动有意向。

4. 招式要连贯

在一个套路里，所有的动作应该是"始终连绵相属，气脉不断"。所谓"连"，并不是说要把整个套路的动作不停顿地一气练完，中间没有间歇，而是要求在一招一式之间，必须做到"形断意连""势断气连"，善于运用内在的心志活动通过眼神把前后动作的意向连接起来，使整个套路势势相连，无势不连。譬如"打虎势"是一个静止的姿势，从形式上来说，它与后面的动作已经中断了。而如果把眼神凝视着远方，心志活动具有伺机待动的意识，那么它与后面的动作就从"意"上连接起来了。再如，"弧形步转身腾空摆莲"这个动作，如果头不后摆、眼不向后注视，动作虽然没有间歇停顿的现象，但严格说来这已失去了连贯。因为"转身摆莲"是一个类似"回马枪"的动作，弧形步时眼向后看是表示诱敌深入，而后转身向对方施展摆莲腿。"弧形步"和"转身摆莲"的连接，正是由这个"意"连接起来的。没有了这个"意"，摆莲腿就成了孤立的动作，气势就中断了。"心动形随"，心志活动起着连接动作的重要作用，要注意这一点。

5. 阴阳要分清

武术运动包含着动静、虚实、刚柔、快慢、伸缩、张弛、抑扬、顿挫、轻重、起伏，以及内外、上下、正偏、左右等种种的对立因素。如果习武者善于掌握和运用这些对立因素的规律，那么动作就能做得更好。对立因素的任何一方都是不能孤立地存在的。没有动，就没有所谓静；没有虚，就没有所谓实；没有刚，也就没有所谓柔。对立的两方，失掉任何一方，另一方也就失去了存在的条件。中国的武术运动特别强调：欲要动先须静，欲要实先须虚，欲要刚先须柔。例如，冲拳发力时，拳从腰间发出，拳臂的肌腱都是比较放松的，手也握得不太紧，肩也不太下沉，这时是"柔"的状况，等到肘关节从后向前经过腰侧、臂做内旋时，手就握紧了，肩就向下沉了，拳臂的肌腱也就紧张起来了，这时才有了"刚"。有松弛才能有紧张，如果一开始整个拳臂就处在紧张的状态下，那这拳要它紧张时，它反而不能紧张了。这样，"刚"也就显示不出来了。同时，发力的这对刚柔对立因素必须是在同一个运动过程中相互转化的，不能把它们分割为两个运动过程，否则就失掉了对立的统一。其他的种种对立因素也都是如此。

三、十二型

"十二型"是什么呢？"十二型"是武术运动里的动、静、起、落、站、立、转、折、快、缓、轻、重十二种运动方式的定型。

在武术运动中，有活动性动作、静止性动作、跳起动作、落下动作、两脚站的动作、单脚立的动作、转动动作、扭折动作、快动作、慢动作、轻动作、重动作。这些动作，快得要怎样快？慢得要怎样慢？站得要怎样站？立得要怎样立呢？在中国武术运动的发展过程中，人们不断地从对各种事物的观察和体验中创造了一套传统的富于形象化的格式。这就是：动如涛，静如岳；起如猿，落如鹊；立如鸡，站如松；转如轮，折如弓；轻如叶，重如铁；缓如鹰，快如风。

在"活动"时，一定要使运动气势像海浪那样激荡，滔滔不绝，如在万马奔腾的气势中仍然有稳定感和明朗感，做到"动要有韵""动中有静"。在"静止"时，一定要将势式塑造得像大山那样巍峨，好像任何强大的力量都推它不动似的。

在"跳起"时，要有猿猴纵身跳起时的那种机灵、矫健、敏捷的形象。而在"落下"时，要像喜鹊将要停落到树枝上时的那样轻稳。

单腿"独立"的动作，特别是从活动性动作转入静止性的单腿独立动作的时候，要像鸡在奔走时突然听到了什么，立刻停步并蜷曲起一只脚那样，显示出动作的安定稳固。"站"的动作是两脚均着地的静止性动作，这种动作要像苍松那样巍巍地刚健、挺拔，在静止中含有活动的意味，使静和动密切地联系在一起，即所谓"静中有动"和"静而忌僵"。

"旋转"的动作要像车轮那样绕着轴心转动，习武者要善于创造和掌握运动的轴心，这样才能达到"圆"的要求。"折"是指扭身拧腰等转折的动作，要像弓那样越折越有力，含有一股反弹劲，不是折得很软而没有劲力。例如向左右两侧折腰时，腰部柔软折得下去固然是好，但显不出一股连接后面动作变化的劲力来，就会使气势中断。"意不中断"，只有在"折"的动作中作出反弹劲，才能突出动作中的变化。

"轻"的动作要像树叶那样轻，才能达到动作"飘"的要求。"重"的动作要像钢铁那样重，但"重而忌狠"，不能咬牙切齿。

"快"的动作要像一阵风那样，但"快而忌毛"。"快易生爆"，火爆可以藏拙，动作就会不准确、不干净、不利索、不潇洒。"缓慢"的动作要像鹰在空中盘旋那样精神贯注、慢中有快，但"缓而忌温"。"慢易生懈"，要防止动作产生松懈的现象。

武术运动的"二十四要"是最基本的技法，习武者在平日锻炼的过程中要不断地揣摩、体会，使技术和技法统一起来，逐步地提高武术的运动水平。

第三章 高校武术教学现状与改革

本章分别介绍了两个方面的内容，依次是高校武术教学开展的影响因素分析、高校武术教育面临的机遇与挑战。

第一节 高校武术教学开展的影响因素分析

通过对高校武术教学开展的影响因素进行分析，我们可以对高校的武术活动的开展情况有一个全面的、客观的了解与掌握，有利于为高校体育教学改革提供理论基础和依据，有利于我们更好地把握在学生群体中武术运动的流行程度，理解和掌握大学生武术运动的动机、目标和实践，对当前高校武术教学中存在的问题有一个明确的掌握，并在此基础上对"素质教育"理念下高校体育教学改革提出科学的、有针对性的建设性对策。

一、高校武术人口的观念意识

高校武术人口主要由武术专业教师、武术专业运动员、专修武术的大学生三部分组成。武术人口的观念意识深受大学生武术活动的开展状况的影响。其他人的休闲健身观念也会受到高校武术人口观念的深刻影响。在高校中，影响广泛开展武术课程的重要因素之一就是高校武术人口的观念。对此，我们应该加强对武术的宣传，打造出一批有特色的武术运动项目，在大众心目中建立起一种武术专业运动观念，促进高校武术教学的开展。

二、高校武术学练的硬件环境

在日常生活中，学生所处的学习环境、生活环境作为一种"无声的语言"会对学生产生不同程度的影响。与一般的文化课教学有所不同，武术教学除了在教室进行授课之外，更多的是在场、馆、厅、室等专门的场所进行教学，这就需要高校具备一定的设备、器材。并且，武术教学所需要的空间环境更加复杂，学生要想完成武术学习任务，最基本的条件就是武术学习场地，教学设备、器材的合理布置与学习环境的优化有着直接的关系。优化的学习环境可以有效地调动学生的学习热情，改善教学效果，因此，武术学练的硬件环境建设尤为重要。一个没有完善的器材与设施、噪音不断的课堂环境，不利于学生的身心健康发展，不利于开展武术教学。教学场所中的声音、温度、色彩、光线和器材的摆放等都会对学生产生一定的教育功效，这也是教学风格的重要体现。学习环境的完善程度会对教学活动的水平和内容产生影响，也会通过其外部特征对教师和学生产生不同程度的影响。

不管是对学生的武术情感与行为还是对学生的武术消费等方面，武术硬件设施都会产生深刻的影响。作为高校文化的有机组成部分，高校的武术硬件环境是高校开展武术活动与教学的重要物质载体。在高校的文化生活中，武术是重要的内容之一。大学生在课余时间是否选择武术学习，是学生自己的选择。优良的武术教学硬件条件，是促使大学生积极参加武术学习的重要因素。当前，随着高校校园文化生活的日益丰富，大学生对武术的场地和环境的要求也日益提高。

对于大学生而言，高校武术硬件环境是其参加武术活动的重要影响因素，良好的武术硬件环境是提高大学生武术锻炼积极性的一个重要条件。

三、校园武术文化氛围

高校武术文化指的是在一定的环境下，高校师生按照社会发展的要求，在学校的各个层次上，以继承和发展人类理性精神和人文精神为主要内容，以推动武术教学的开展为主要任务，推动社会的全面进步的一种文化环境和客观精神。校园武术文化对于学生的武术学练系统的影响，主要是对大学生武术学习练习的文化环境的影响，以及对其具体的表现形式的影响。

高校大学生在校学习和生活的这几年，正是他们思想不断走向成熟的时期，也是他们视野逐渐开阔和身体快速发育的重要阶段。对于这个阶段的大学生而言，他们的学习活动、集体生活以及所处的校园环境都会对他们之后的各方面发展产生直接或者间接的影响，特别是校园良好的文化氛围，会对他们的成长起到积极的作用。校园武术文化氛围不仅为学生的成长成才提供了非常好的环境和氛围，也包含着很多教育因素，对学生的成长有深刻的影响。借助这种特定的文化环境，学校的群众性社团活动通过对一定文化观念的倡导，为学生提供必要的健身娱乐设施和武术活动机会来吸引学生积极参与，从而潜移默化地影响学生。这些武术活动对于学生而言是有益的，武术活动带给学生的文化娱乐的享受，以及学生在参与武术运动竞赛中获得的感受可以满足学生对于校园武术文化的需要，满足这一阶段学生身心和谐的需求和健康成长的需求。在现实生活中，很多大学生都受到这种氛围的感染，并怀着极大的兴趣和激情踏上了学习和练习武术的道路。

四、武术课程的设计与编制

在我国的高等学校的教学计划中，武术课程是重要的一部分，是高校武术教育的中心环节，也是武术教育最基本的组织形式，促进了高校武术教育目的的实现和任务的完成。

武术课程作为一种特殊的教育活动，可以帮助学生树立起正确的武术观念，让学生对武术的基本知识和技能有一个整体和基本的了解，学生也能在此过程中形成武术意识，增强武术能力和素养，养成参加体育锻炼的好习惯。此外，学生也能在此过程中获得一定的品德教育，使得审美能力得到不断提高，拥有创造美的能力。与此同时，武术课程还能让学生深刻领会到成长成才与武术教育之间的内在联系，让学生可以立足不同的视角对武术与国家、民族、个人的发展的积极作用有一个全面的了解，学以致用，勇于实践于武术课程与高校武术在目标上所具备的一致性有充分和全面的了解，积极抓住参与武术课程的时机，积极完成武术课程的各种任务与工作，将武术运动与生活相结合，为将来成为一个合格的人才奠定坚实的基础。

（一）武术课程设计

武术课程设计指的是根据教学对象和教学目标来对教学诸要素进行有序的优化安排，确定合适的教学起点和教学终点，形成教学方案的过程，是实施课程的具体设想和准备过程。例如，针对不同的学生，设置不同的教学目标，进行有针对性的诊断性测试等。

（二）武术课程的内容

在我国，学校武术课程的基本内容具体包含以下三个方面：

1. 身心健康方面

以武术为主要内容，让大学生进行全方位的体育锻炼，可以增强他们的体质，促进他们的身心健康发展；有助于人体的正常生长发育，帮助学生拥有匀称的体型，使人体的肌肉和各个器官的机能得到改善，从而加强人体对自然条件的适应性；在体育活动中，学生还能体会体育运动所带来的快乐，有利于人际间的融洽、情感的表达，增强学生对社会环境的适应性，从而促进学生的身心健康发展。

2. 武术知识与技能方面

学生可以通过武术教学和身体的活动对有关的武术知识和基本的技能有一个大致的掌握，在学习的过程中增强武术意识，提高武术能力和素养，同时，也能在武术教学中学习和掌握锻炼身体的科学方法，并在潜移默化中养成自觉参与武术活动的习惯，实现与社会的接轨，有利于学生终身从事武术运动。在教学中，学生学习武术理论与卫生知识，不断增强武术实践能力，增强武术保健意识，加大运动文化和娱乐知识的储备。

3. 思想品德方面

在体育教学中，以武术为主要内容，通过武术教学和身体运动，可以培养学生的思想品德，让学生在这一过程中陶冶情操，接受集体主义和爱国主义思想教育，在此基础上增强组织纪律性，对自己的行为进行规范。同时，武术课程也能增强学生的社会责任感，让学生的竞争意识与创造意识得到培养与发展。在武术教学过程中，武术教师应鼓励学生积极合作，以此来培养学生的合作能力与应变能力，让学生在实践中实现自身的个性发展，培养学生敢于面对困难的拼搏精神，提高学生的审美能力与表现自我的能力，进而实现对人格的塑造，促进学生自我完善与自我发展。

通过多年的不断探索和改革，高校的武术课程建设已经有了很大的发展，如为了打破以往的单一的授课模式，采用多课型；为了更好地适应学生的发展，针对学生的身心发展特征进行科学的教材编写；从简单化的形式，到优化教学流程，到教学方法的变革等。

五、武术课堂教学

（一）武术教学目标的实现

武术教学目标，是指在武术教学过程中，教师与学生预计和期望达到的教学效果和教学标准。在我国，武术教学的主要目标侧重于增强学生的体质和身体素质，掌握"三基"，实现良好的品质教育。其中，根本在于增强体质，它贯穿于整个教育的全过程，是教学过程的中心。近年来，我国越来越关注学生的个性发展，增加和改进了武术教学的手段和方法。

（二）方案特色

方案特色指的是在设计方案的时候，应该将教学班级的规模大小、需要特殊帮助的学生人数、情况等具体因素考虑进去。

（三）传授技术及教学结构

在我国，武术课程的重要任务就是向学生传授武术知识、让学生掌握武术技术与技能。当前，我国高校武术教学的课程结构，大部分都是基于个人对教材的认真研究，之后经过集体教研，最后精心设计课堂教授的内容、方法、手段、教学环节，最终以文字的形式呈现在教案上。在实际的教学中，教师需要严格按照三段式结构、分四步骤进行。教师应该按照动作技术结构进行讲解和示范，在进行讲解的时候，对动作技术所具备的知识性和科学性进行突出，将重点、难点、疑点进行突出，同时在进行教学的时候也应该强调语言表达的艺术性。在技术动作的示范中，教师应该对动作的正确规范性、完整优美性和分解合理性等进行突出强调。学生在学习动作和进行练习的过程中应该对动作的结构进行模仿，掌握动作的技术和要领，在不断练习中具备较好的运动技能，进而实现课堂教学的目标。通过学习、巩固、复习、提高，学生可以掌握技术和知识，掌握武术知识和技能，实现思想道德的发展。

（四）武术教学方法

所谓的武术教学方法指的是为了实现武术教学目标和任务所采取的途径、手段、方式等的总称，不仅包含教师教的方法，还包含学生学的方法。教学过程是师生之间的互动过程。借助一定的教学方法，教师可以将知识传授给学生，也能对学生的情感产生影响。武术教学的组织非常复杂，并且有着非常多的教学方法，常常出现在一节课内使用多种方法的情况，也会出现在学生的运动技能形成的不同阶段使用不同的方法现象。教师在武术教学中，可以积极发挥教学方法的多样性优势，利用方法所具备的综合性和师生交流、生生交流的频繁性等优势，对学生进行启发，实现对放任与限制、权威与民主、主导与主体的结合点的准确把握，进而实现对学生的积极引导，让学生主动参与教学，实现与学生在教学中的交流和在心灵上的交流，让学生在无意识中形成主动、积极、自主的个性特征。通过这种方式，既可以实现认知发展的目的，又可以形成一种发扬民主、尊重个性的教学氛围，对学生形成健全的人格和构建完善的知识结构起到了促进作用。

（五）教学量

教学量是指教学时间，即真正用于教学任务的有效时间，具体包含全年和每天的教学时数，以及教师对于课堂教学时间的利用。

（六）武术教学的组织管理

在社会学领域，集团和个人行为的规范准则是社会组织制度。社会组织制度之所以存在，是因为需要的存在。从组织形式上来看，武术教学与一般的文化课的教学是有所区别的：一方面，在教学场所上，武术与其他文化课程不同；另一方面，在教学的形式与内容上，武术与其他文化课程也有所不同。基本上，武术教学是借助反复的身体练习来实现对武术知识和技能的巩固和发展，进而达到增强体质的目的。因此，武术教学具备非常强的实践性。与此同时，武术教学在教学组织管理工作上与其他的学科相比较为复杂，因为，在整个的教学活动中，学生一直处于不断变化发展和多样的活动中。不仅如此，学生的性别与人数的差异以及场地和器材的差异，更需要对武术教学整个过程都进行精心的设计和认真组织，这就体现出了武术教学组织和控制所具有的多样性和复杂性。鉴于此，武术教学应该具备规范性，不管是对运动器材的使用和管理，还是对课堂的集合、整队、队形变换、队列练习，甚至是对运动技能的学习和竞赛，都应该具备一定的规则和相应的规程。例如，对跑的距离进行规定，对动作的次数、练习的组数进行规定，并且会限定一个时间完成某种任务，在教学中，分散练习和集中讲解需要交替进行，学生必须做到令行禁止。武术教学与竞赛是密不可分的，而任何一种竞赛都有相关的规定和规则。此外，一些传统的武术项目还具备独特的礼仪礼节。在长期的武术教学中，学生不仅可以学到武术的知识，掌握相应的武术技能，还会受到各种制度潜移默化的影响，实现对自身行为的规范。在这个过程中，学生可以形成组织纪律的观念，提高守纪的自觉性，具备自我约束的能力。良好的组织管理工作有利于武术学练活动的顺利开展，提高教学的效率和教学效果。

六、师生人际交往

人际交往在武术教学中主要是指教师与学生的交往，以及学生与学生的交往。在武术教学中，师生双边活动具有较强的动态性。武术教学常常需要个体之间的帮助与配合，也包含非常多的集体形式的活动。与其他学科相比，师生之间和生生之间的人际交往在教学中较为频繁。在与人交往的过程中，学生不仅要进行各种的运动，还需要在这个过程中对自己的角色和地位进行变换，获得不同的人际交往体验和不同的心理过程。在这个过程中，学生有时候是普通的学生或队员，有时候是裁判员或者组织者；有时候是人人效仿的楷模，有时候可能变成错误动作的反例；有时候是合作无间的同伴，有时候是竞争对手；有时候是胜利者，有时候是失败者。

人际交往对武术教学有很大的影响。与其他的人类社会实践一样，武术教学活动也是在交往中进行的。因此，师生之间的认识必然具有交往性和群体性的特点。在武术教学群体中，人际交往所产生的心理互动会深刻影响个体社会心理定势的形成，深刻影响个体的价值观的形成和行为方式的养成。在武术教学的影响因素中，师生、生生之间健康、融洽的关系是重要的潜在影响因素。

（一）武术教师在交往中的影响

在影响因素中，教师是一个极为重要的"载体"。在整个教师队伍中，与其他学科的教师相较而言，武术教师是一个非常特殊的群体。在武术教学活动中，师生活动是相互交融的，教师的一言一行都充分地展现在学生的眼前，这就使得其教师职业所具备的示范性特征更加明显。武术教师对学生的影响体现在平时的举止言谈、个性特征、衣着仪表、知识水平、兴趣爱好、教育方式、教育观念、行为习惯等方面，是潜移默化的。

1. 教师威信的作用

当教师在学生中拥有权威时，学生就会认同教师所教授的知识，认为这些知识是真实的，教师对学生所提出的需求和期望是合理且正确的，就会将这些需求和期望变成他们的主观需求落实到实际的学习中。对于学生来说，教师的表扬和批评可以直接作用于学生的心灵深处，让学生产生情绪体验。对于有威信的教师，学生会将其当作自己的学习榜样，不仅在言行举止上模仿教师，还会在学习态度和思想上进行模仿，效仿教师的内在美德，将高深的伦理准则进行具体化和人格化，在形象、感染性强的具体事例中，获得深刻的教育。

2. 教师期待的作用

国内外学者对教师的期望进行了大量的试验研究。研究发现，通过中介机制，教师的信念和期望最终会形成不同的结果。我们可以将这种中间机制看作一连串的连续事件。这种周期流动是一种相互的反馈流动过程，并非一个单向的持续过程。这是因为学生存在着社会背景、身体条件、技术水平、以往的运动成绩等各个方面的不同。

（二）教学的语言交流

在学校教育中，语言有着非常重要的作用，教育活动与语言息息相关。在师生交往中，语言是重要的手段之一。学校的语言环境一方面左右着教学过程与教学的效果，另一方面也会对学习者的人际关系和个人的身心发展产生影响。由于武术教学以技能教学为主，因此，与其他课程相比，教师与学生之间的语言沟通更加频繁，形式也更加丰富。但是，从当前的教学实践来看，大部分都是一种有限的教学交流，虽然教师和学生能够在课堂上进行对话和交流，但是非常有限。在武术教学中，一般师生交流的模式为"刺激—反应—反馈"或者是"提问—回答—评价"。在这两种模式中，第一步的刺激或提问和第三步的反馈或评价均由教师来完成。学生在课堂上仅仅是被动参与，并非课堂的主体。教学的学生观可以体现在课堂的发言权的分配上，这对学生的个性成长以及其之后的成长有着重要的影响，应该受到武术教育者的重点关注。

第二节 高校武术教育面临的机遇与挑战

一、全球化背景下武术教育发展的机遇

人类文明的发展是世界各民族共同努力的结果。每一个民族的文化都有其特有的内涵，而这些内涵蕴含着一些具有普遍意义的本质因素。每个民族的文化都是不同的，共同组成了世界多姿多彩的文化。这种各不相同的文化之间可以相互交流、相互充实，实现思想、价值、成就的交流。武术作为中华民族特有的文化，蕴含着中华民族文明的核心文化，孕育着中华民族理性成熟的特质。武术文化作为一种创造性的存在，其生命力得以延续主要是通过武术教育对武术文化进行传播来实现的。全球化不仅为武术教育的国际化发展提供了充足的技术和其他方面的条件，还为我国武术文化与其他国家的文化进行交流、碰撞和融合创造了机会。在全球化的大环境中，各种各样的武技文化不可避免地会对我国武术的文化和价值观念产生强烈的影响和冲击。实际上，各种不同武技文化在保持各自特色的前提下相互碰撞、交流、融合，会创造出一种动态的和平。

二、全球化背景下武术教育发展的挑战

（一）武术教育中武术的功能定位

武术是以技术为载体的一种体现中华民族精神的文化，在形成过程中，吸收了中华民族的传统医学、兵学、美学、气功、哲学等文化的精华，可以反映出中

国武术所蕴含的中华民族文化的本质和内核。武术的本质属性是技击，这一点毋庸置疑。在全球化的今天，随着各国法制的日趋完善，人们的生存安全都有了充分的保障。在日常生活中，人们更多的是对自身健康的关注，尽可能提高生活质量，延长寿命。在当今时代，身体健康是生活的主题。武术作为中华民族优秀文化的重要组成，在面对全球化对民族文化的冲击时，应自觉承担起弘扬民族文化的重任。由此可见，武术的作用和功能是随着时间的推移而发生变化的。武术的功能定位对其发展方向也产生了影响。在此背景下，如何审视和定位武术在当今社会中的功能，是一个重大的时代课题。这个时代性问题的解答涉及武术教学观念的转变，必然会影响今后武术教学的发展方向。这无疑是在全球化背景下，对我国武术教育的发展提出的严峻挑战。

（二）全球化对武术教育媒介提出了严峻挑战

媒介化的文化打破了传统的非媒介文化的封闭，打破了武术教育的传统，这就使得人们可以通过媒介来学习武术，接受武术教育。当前，武术教育不应该再秉承以往的"太极十年不出门"的传统教法，应该在吸收外来武技的优秀经验基础上，改进教学方法，更新管理理念，对武术教育的内容进行适时的调整，对武术教育的方法进行创新。只有将武术和外来武技有机结合，才能让这一项具有特色的武术教育发扬光大，增强武术文化内在的张力，让武术教育走向世界。只有改变以往的"祖宗之法不可变"的旧习心态，才能让武术教育越走越远，获得更好的发展。

在武术教育时代，武术教育媒介必须进行转变。当前摆在我们面前的一个无法回避的问题就是，究竟怎样才能实现武术教育媒介的转变。这个问题影响着武术教育的传播进程。这对武术教育来说，是一种极大的考验。

（三）对武术教育者提出了挑战

在这个科技日新月异的时代，计算机、互联网的广泛应用以及与传统农业社会相异的人际关系，都向武术教育者发起了挑战。这种挑战具体表现在三个方面：第一，世界范围内的武术教育对人才的素质方面要求越来越高，对于一个武术教师来说，科学素养、创新能力、学术水平、科学精神都是必备的素质。第二，教师的地位和任务出现了转变，有了新的要求。教育信息化的发展和教育科学化的发展，对教学提出了更高的要求。在教学领域，一些高科技被运用，对于教师而言，需要在教学中熟悉和运用这些高科技。第三，在全球化的背景下，教师与学生的关系受到了一些影响。教师与学生的关系，已经不是以前的"师徒如父子"一般的关系了，更多的是一种朋友的关系，教师更多扮演的是知识教育的引导者角色。

三、全球化背景下武术教育发展的趋势

全球化是把双刃剑，既给武术教育带来了挑战，也给武术教育带来了机遇。中国有句古话："祸兮福所倚，福兮祸所伏。"当一种独立的民族文化遇到另一种不同的文化时，它的未来有三种可能性：

第一，拒绝交流与融合，孤芳自赏必然会使自己封闭起来，走向衰落。

第二，完全接受同化，抛弃自己的传统，专注于模仿其他国家的文化，最终失去了自己的独立性，成为强大国家的附庸。

第三，积极吸纳外来文化成果的有益方面，增强民族文化底蕴。

当代中国的武术教育应紧跟时代发展的趋势，坚持国际化和民族化的结合，以民族化为立足点，在此基础上对民族优秀的武术文化进行继承和发扬；与此同时，走向国际，在全球化的背景下，在全球范围内弘扬优秀的武术文化。因此，在世界范围内，外国人能够从武术中感受中国文化，认识中国，对中华民族有一个基本的认识；中国人可以从武术文化中解读中国过去的历史，阐释中华民族的现在，规划中华民族的未来，使中华民族傲立于世界民族之林。

（一）武术教育国际化发展

在当今经济全球化、教育国际化的背景下，我们必须清楚地看到，武术教育的国际化是一种必然，是一种社会发展的需要，也是一种历史的潮流。我们要积极地去面对，去适应，不要被动地去抗拒。真正的科学文化不仅要具有民族性，还要具有时代性。科学文化如果只有民族性，不具有时代性，以一种抱残守缺、故步自封的心态，不以开放的心态在国际上和其他文化交流，互相借鉴、互相补充，那么不管其有多么辉煌的历史，其前途也必将是黯淡的，武术教育也不例外。

如果把武术教育的发展比喻为一条河流，那么"流水不腐，户枢不蠹"的道理同样适应于武术教育。我们在发展武术教育的时候，要以竞技武术经验为鉴，树立国际化观念，扩大武术对外教育的市场与资源，吸收外国留学生，在全球范围内培养武术人才，为武术教育开辟一片广阔的天地。为此，我国的武术教育在全球化的大背景下要走出国门，走向国际化发展，要做好如下的工作：

1.树立武术教育国际化的教育观念

武术教育的国际化，是指在对中国武术教育资源进行开放的基础上，对世界各地的武术教育资源进行有效的整合和利用。所以，我们要大胆地树立中国武术走向国际的意识，要深刻地认识到各国的文化现状和人们的接纳心理，在"知己知彼"的基础上，派遣我国的武术专家、武术学者等人才到海外对武术教育进行推广，以促进武术的发展。与此同时，一些高校设有民族传统体育专业，我们可以在这些高校中分批次地加大对外国留学生的招生力度，对其进行不同学历层次（本科、硕士研究生和博士研究生等）的武术专业人才的培养，让这些外国留学生在未来能够为武术教育国际化发展贡献重要力量。

2.建构武术教育国际化的远景目标

武术作为中华民族的优秀文化，是实现民族复兴的重要手段。我们应以弘扬中华文化为宗旨，以让中国武术走向世界为己任，将武术教育作为动力，推动中国武术走向世界，让它成为人类的一种宝贵的财富。

3.围绕武术教育国际化的远景目标，编写武术教学教材

在选择武术教学教材的时候，要以构建先进国际武术教育为中心，构建一个继承历史传统、与世界文明相贯通的武术教育，注重武术的品位；要对教材中的含金量进行强调和突出，强调武术的本体要以改革开放和现代化建设的实践为基础和前提，站在世界文化教育的最前沿，将武术文化的优良传统发扬光大，从世界各个民族的武技文化中汲取有益的养分，对武术的内涵进行深入挖掘，对各种流派的优点进行吸收和借鉴，博采众长；要积极创新武术教学内容、教学形式，提高中国特色武术教学的魅力与吸引力，促进武术教学的国际化发展。

4.加强武术教育国际化的交流

不同文化之间的交流与碰撞可以使文化的内涵更加丰富。武术教育的国际化交流，第一步就是要加大武术教师之间的交流力度。武术教师是武术文化的载体之一，可以采取"走出去，请进来"的方法。"走出去"，就是有计划地采取讲学、合作研究等形式向国外派遣武术老师；"请进来"，就是请外国有成就的武术专家、教师来中国讲学，进行学术交流。其次，中国高校可以与外国大学合作办武术专业，使武术进入外国高等教育的殿堂，定期或不定期地请这些国家的武术专业学生来中国观摩、学习，提高他们对武术的认知度，打开外国高校武术教育市场，这也是武术国际化交流的重要形式。最后，武术教学应加强武术国际学术交流，通过学术交流平台，互相取长补短。中国在这方面已经作出了努力，如2002年的第六届上海国际武术博览会、2003年上海举办的武术国际传播研讨会、2004年郑州的首届国际武术节论文报告会等交流会议。总之，武术教育应该秉承开放的心态迎接全球化下的挑战，在广泛的跨文化交流中获得更好的发展，在交流与融合中进行武术文化教育的民族性建设，在此基础上培元固本，进而在文化融合中保持特点，获得新的发展。

5.积极利用外资，开展武术国际合作办学

伴随着现代化建设的不断推进，我国对外合作教育事业也在不断发展壮大，并取得了显著成效。独资和合资办学开始在一些城市出现，这些独资和合资办学的学校为我国武术教育的国际合作办学提供了可供参考的经验。对此，中国的武术教育可以将教育拓展为武术国际教育集团，并且与外资进行合资办学，这不仅可以实现国际化办学，还能引入资本，在国内走出一条有中国特色的武术教育之路。

（二）武术教育民族化发展

1.保持武术教育民族性

在全球经济一体化的进程中，世界各国的工业化程度不断加深。在现代化进程不断加快的情况下，必将形成一种世界性的工业文化和大众文化。文化既是民族的，又是世界的。在武术教育的民族化进程中，我们应该对武术文化的价值观念进行扬弃，并借鉴、吸纳国外武技文化中的一些价值观念，以此来弥补我国武术文化的缺陷，实现对武术文化品位的提升，加强以武术的中华民族性为主体的文化选择，借鉴国外武技文化的优良成果，在全球化的大背景下确立正确的、科学的、大众的中国武术教育理念。

2. 促进武术教学改革，开创武术教育理念与方法的综合创新

中国武术教育传播的基本方式在农耕社会主要是师徒传承，最基本的手段就是言传身教。现在，我们要在继承和发扬中国优秀的武术教育传统的前提下，转变武术教育的观念，对国外武技教育的思想和方法，取其精华、去其糟粕，创新出一套融合中外武技教育先进思想和方法的武术教育方法、手段，创造出具有说服力、感召力和渗透力的中国武术教育的机制。

3. 加强具有强化武术教育文化功能的课程建设

武术源远流长。对武术文化，我们不能完全肯定，也不能完全否认，而是要辩证地看待，不仅要看到它的优点，也要看到它的缺点。我国当前的课程管理模式是三级课程管理模式——国家课程、地方课程、学校课程，应在此基础上，编写适合武术民族文化教育的蓝本，对传统文化教育进行规范和强化。

归根结底，武术教育的国际化、民族化都涉及"拿来""送去"的双向进程。在对外来的武技文化"拿来"时，我们要动脑，要有眼光，要主动拿来，在武术教育现代化的目标的基础上，对其他各个国家和民族的优秀教育资源有选择、有节制、有目的地拿来，实现为武术教育民族化服务的目的；在"送去"的过程中，我们要重视对武术教育的保障，建立安全机制，要从民族文化的角度来理解和保护武术文化。对于一个民族而言，民族文化是其存在和发展的全部价值，是其合理性和合法性之所在。如果一个民族的民族文化受到了威胁，就会让民族和国家产生严重的文化危机。

武术作为中国传统文化的一部分，在其发展过程中，必须要有相应的安全保障机制。进行武术教育的国际化，主要目的在于对中华民族文化进行发扬和发展。对于武术教育而言，建立武术文化教育的安全机制并非要求武术"故步自封"，而是对其进行保护，让武术教育以平等的文化视角、开放的文化胸怀为前提实现与外来文化的互动，是一种创新的机制。历史经验表明，任何民族的文化遗产只有在得到了全世界的认可和共享基础上才能得到更好的发展。

民族精英的素质决定了民族的素质，民族精英是否具备凝聚力决定了这个民族是否具备凝聚力。青少年是未来的民族精英，而学校则是培养精英的重要阵地。"亡而存之，废而举之，愚而智之，弱而强之，条理万端，皆归本于学校。"[①] 所以，中国的武术文化教育在全球化背景下应该从青少年入手，培养他们的尚武精神，培养他们的健康个性和健全人格，在教育中加强青少年对中华民族的认同感和使命感。

---

① 董丛林. 中国近代思潮与文化选讲 [M]. 石家庄：河北人民出版社，2012.

第四章　高校武术教学的课程发展

本书第四章为高校武术教学的课程发展，依次介绍了武术课程的设置及优化、武术基础课程教学、武术器械课程教学三个方面的内容。

第一节　武术课程的设置及优化

武术课程的设置遵循着一定的基本规律，内容设置也有理可循。本小节重点介绍了武术课程的设置、高校武术课程设置和教学中的问题、武术课程优化的相关内容。

一、武术课程的设置

（一）武术教学应遵循的基本规律

1. 武术教学的基本规律

①树立正确的动作意识，注重基本功的教学。

②确定重点，全面发展。

③从共性特征入手，灵活运用。

④抓重点教学，体现共性，突出个性。

2. 技能形成的基本规律

运动生理学将运动技能分为3个阶段：

①在粗略掌握阶段，学生对概念的基础认识，只是对相应动作有了模糊的印象。

②在改进提高阶段，学生对所学技术动作有了一定的认知，可以对技术动作进行改进，经过不断练习，有了初步的肌肉记忆。

③在巩固提高阶段，学生可以灵活运用动作，并可在此基础上进行提升和变化。

3. 教学中负荷控制规律

体育运动负荷量是指在运动中人所能承受的生理负荷，包含运动量和运动强度两个方面。在教学过程中，教师应根据学生的身体状况来确定负荷量，以保证获得良好的教学效果。

（二）高校武术课程内容的来源

高校武术课程内容的来源较为广泛，主要有 6 种途径。

1. 采纳上级课程文本建议

上级课程文本为体育课程的教学实践提供了一个明确的方向，是一种政策性的框架。对于课程的开展和实施，学校应当根据自身的情况和特点进行采纳，要灵活地结合，不可生搬硬套。

2. 修改上级课程文本的规定

上级课程文本的制定都是通过全局统筹规划的，是一种高度概括的规范性文件。各地区、各学校在制定具体课程内容时，可做适当修改和调整，但不可违背上级文本的大方向和意图，要在正确理解的基础上进行补充和完善。课程内容的修改主要是针对上级文本规定的教学方法、教学内容、教学环境、人员情况进行的。

3. 参考上级课程文本的建议

学校或地方可以参考上级课程文本来设置自己的课程。上级部门考虑了各地方和各学校间的情况差异，预留相当的自由度，以利于各地方和各学校发挥。

4. 延续武术教学内容

武术教学内容已实施多年，有着丰富的经验和成熟的课程体系架构。教师一般也已熟悉武术教学的形式和内容，不需要再花费时间适应调整，就可使武术教学活动快速顺利地开展。需要注意的是，学校选择这种途径时，应将社会性、教育性、科学性、健身性和趣味性结合起来，以获得最大的教学成果。

5. 改编传统体育教学内容

传统体育教学有其明显的独特性和优势，但是，传统体育教学的一些方法和内容已不能适应当前的时代状况。这就需要地方或学校根据教学的要求和时代的诉求改编传统体育的教学内容，让体育教学内容符合时代的发展和学生的需求。需要注意的是，改编的目的是让武术教学更为简便、易懂，更实用化、大众化和娱乐化，让武术更接地气，更易于被人接受和喜爱。

6. 引入新式武术教学内容

随着时代的发展，很多新兴的运动不断涌现，新式武术教学内容也在持续更新，这给武术活动增加了新鲜的血液。地方和学校在引进新式教学方式时，应当考虑本地区或学校现有的教学资源或教学设施，使教学资源或教学设施与新式的教学方式相融合。要充分考虑新旧教学的适用性，不可一味跟风求新。

（三）武术教学的基本原则

武术教学主要遵循五项原则。

1. 直观教学

在武术教学过程中，学生通常会遇到"三多"问题：

①动作数量多，每一个武术套路都包含十几个或是几十个动作，如此繁多的技术动作通常会让初学者一头雾水，不知从何下手。

②方向路线变化多，往返走位，反复转身，没有太多固定的规律。

③有时一个动作可能需要身体多个部位相互配合，共同完成，这就要求学生要有很好的身体协调和控制能力。

面对学生的"三多"问题，教师应以言传身教的方式，身体力行地为学生做标准的示范，以直观的方式让学生反复得到感官的刺激，并且指导学生练习实践，"观"与"练"并进，相互促进，不断完善。教师在讲解时也要结合武术实战技击的攻防性质，让学生如身临其境，躬身入局。

此外，教师还应尽可能地通过各种方式，实现更高效的教学。一般来说，人在获取信息时所用的渠道越多，所掌握信息的完整度就会越高，对信息的认识程度也会越深刻。因此，除了听、视、触等方式外，教师还应该使用各种教学策略和技巧，如示范、模仿、实践、讨论、反馈等，以强化信息，帮助学生形成和提高运动技能。

2. 循序渐进

武术教学要由简单到复杂，由容易到困难，要有一个循序渐进的过程，不可急于求成。教师在课程设置时也要考虑难易的前后关联，要逐层递进，前面的课程要为后面的课程作铺垫，中间不可断裂突兀。

另外，学生在练习的过程中也要有意识地提高自己的身体素质，以便更好地适应层层递进的课程难度。与此同时，教师应当不断提升自己的文化素养，深入而全面地了解每个学生的心理状态和训练情况，以便随时调整教学内容或计划。

3. 突出武术风格

当学生掌握了较为复杂的往返路线后，教师可以进一步调整学生技术动作的准确性，以确保一招一式都合乎武术的动作规范。下一阶段就要求教师传授动作的劲力和精神的融入，要求学生在训练时保持精神饱满、形神合一。

不同的武术项目有着不同的技术特点，它们武术风格也各不相同。表现不同武术项目各自风格的前提是，学习者熟练地掌握基本的技术动作。武术风格的特点，如节奏、劲力、精神和结构等，既是武术的神韵，也是学习者学习武术的关键所在，如太极拳的以柔克刚、体松心静等，南拳的发力发声、步伐稳固等。

教师可以通过多种方式呈现教学课程内容，可以以录像、视频等各种直观的方式丰富教学方式。同时，教师也可以通过技术动作的相互组合，来反复灵活地练习，使技术动作掌握得更加牢固。

在教学过程中，教师对教学精细环节的处理也不可忽略。在学生学习到中后阶段时，教师可对其有更高的要求，使学生更好地掌握武术的风格特点，更全面地掌握技术的整体结构。

4. 内外兼修

中国传统武术精义深远，与中国传统文化有着不可分割的关系。传统文化注重内在的修为，注重人的自我修养。武术也同样侧重于内在的修炼，注重心、意、神等心智活动和气息练习，只有内外兼修、表里调和，才可把握武术的精神。

任何技术动作都有其特殊的练习技巧，学习者只有在熟练地掌握了动作技巧后，才能更进一步地学习武术的套路、风格和武术的精神内涵。学习者只有熟能生巧，才可以进一步促进练习，最后才能达到内外兼修的境界。

5. 身体全面发展

武术教学的最终目的，是使学生的身体得到全面发展，让身体各部位、各器官、各系统得到充分的锻炼。学校应当安排系统而全面的教学计划，以帮助学生身体素质得到全面提升，避免片面追求成效。武术教学中对于身体全面发展的原则要求表现在以下两个方面：

①在高校武术教学中，教师要认真执行教学大纲的要求，学习和领会武术教学大纲的精神内涵。教师在制订教学计划时，要注意教材与考核内容相匹配，以保证学生的身体得到全面的发展。

②武术教学要始终贯彻全面发展的思想，课程设置要全面、科学、合理。这需要分三步实现：

第一，准备活动要充分，身体各部位要充分伸展开，为达到课程内容要求做准备。

第二，武术课程以基本技术为主，要让学生的身体得到全面、协调地发展。

第三，在课程结束后，要做好放松和拉伸活动，并安排好课外训练的要求，让学生在课余时间保持良好的锻炼习惯。

（四）武术课程教学注意事项

武术课程教学虽已日趋成熟，但其中仍有需要关注的事项，以下将对 5 个注意事项做具体阐述：

1. 注重武德教育

武德教学是武术教学中至关重要的一环，是习武之人的行为规范和道德准则。尚武崇德是中国传统文化中重要的组成部分，一方面要求习武之人要自强不息、奋发有为、强健体魄、敢于挑战；另一方面要求习武之人不可好勇斗狠、恃强凌弱等。武德教育的具体要求是：

（1）规范习武礼仪

中国是礼仪之邦，武术教育也应注重武术礼仪的教养。作为中国传统文化的传统武术，崇武尚礼是教学中理应首推的基本规范。教学中若需用武术器械，教师应指派一名学生负责器械的收放，在课前将所用器械发放至每位学生的手中，不可遗漏；教学过后，这名同学应将所发器械逐一进行收回，整齐放置原位，不可缺漏。这样能让学生从开始习武起就养成爱护公用器械并且有规矩、有秩序地进行使用的良好习惯。

（2）不可出招伤人

武术运动大多具有较强的攻防技击的攻击性，这就要求老师在教学过程中，要端正学生的习武思想和学习态度，让其明白武术训练的目的是强身健体、修养身心，而不是将武术技术作为恃强凌弱、打击报复的工具。学生在练习过程中，应做到点到为止，理解技击动作的攻防内涵即可，不可随意与同学进行招法比试，尤其在散打中，不可故意用力出招伤人，而应以慢速进行练习，意到即可。

（3）待人友善

武术的一个很重要的教学目的是让学生懂得互相帮助、互相尊重，在学习中共同成长、共同进步。学生要乐于帮助学习能力较差的同学，交流学习经验；受到帮助的同学应当虚心领教，心怀感恩，争取及早克服自身困难。总而言之，武术的学习不只是技术动作的掌握和训练，更是学生内在修养的锻炼和提升。同时，武术更重视人与人的沟通和交流、精神的传递、情感的表达、意志力和心态的相互感染。习武不是一个人的成长，而是个体在学习的过程中领悟做人的道理、为人处世的态度、学习与人为善的品格，以使身边的小环境与社会大环境最终达到和谐统一。

2. 突出重点难点

武术教学应就重难点动作进行拆分讲解，由易到难，由浅入深，层层深入，使学生以更为有效的方式，更快更轻松地掌握武术技术动作的知识。

（1）授课由浅入深

武术教学要注重基本功的学习，在基础打牢的基础上再开始进行动作的穿插和组合练习，要循序渐进。例如，对于"五步拳"的学习，应先从勾、掌、拳手形开始练起，后练习踢腿、冲拳动作，再是弓、马、虚、仆、歇步形的练习，最后再将先前所学动作进行整合衔接，练习完整的套系动作。

（2）讲解由易到难

武术教学应当从易而难，围绕重点动作展开，通过分解透析，逐步加深难度，层层递进，不可漫无目的。例如，对于"腾空飞脚"的练习，重点是腾空击响，关键动作是右脚有力的起跳。在开始学习时，学生可先做右脚起跳摸高练习，练习原地单拍脚，再练习原地右脚起跳单拍脚，然后练上一步跳起单拍脚，最后练习完整的动作。

（3）动作围绕中心

在武术教学中，应围绕中心动作展开练习，结合多种方式的练习，来避免因动作单一、内容枯燥乏味而使学生失去学习的兴趣的问题。例如，马步冲拳的练习，如果只是单纯地让学生蹲马步，则很容易消磨学生练习的积极性，应配合以两两对练，扎马步加相互推掌，看谁能推倒对方，以增加趣味性；或是进行休息马步加冲拳的练习，增加训练的动感，充分吸引学生的注意力，可以锻炼学生身体的稳定性和协调性。

3. 以学生为核心

武术教学包含两部分内容，即教师的"教"和学生的"学"。教师应发挥主观能动性，利用自己的教学经验和优势，安排适宜学生学习的课程方式，增加教学的趣味性和灵活性；学生应发挥学习的积极性和主动性，多用脑，多思考，尽自己的能力去适应、配合教师的教学风格，教学相长。课程的设置应以学生为中心展开，武术教学的最终目的是让学生能够更好、更快、更轻松地掌握武术动作的技巧和精神内涵。

（1）调动学习积极性

在武术教学过程中，教师应充分调动学生的学习积极性，化单调为丰富多彩，化枯燥为生动有趣，在轻松、愉快的氛围中，让学生体会武术的魅力。例如，教师可以安排学生以分组比赛的形式进行踢腿练习，激起学生争强好胜的心理，比拼哪一组动作做得标准、整齐，并进行集体打分。教师也可以进行更多形式的训练，打破传统教学的思维模式，吸收现代社会发展的新形式，多采用年轻人的沟通方式和行为习惯，让学生感受武术不一样的时代性。

（2）实施个性化教育

学生之间有着体质差异和认知深浅的不同，因此在教学过程中应当实施差异化的教学方式，适当调整教学方式，也应根据男、女学生的实际情况，有针对性地调整教学标准，如在马步练习时，可对女生降低要求，适当缩短练习时间。

4. 重视安全意识

体育活动通常都伴有一定的安全风险，而学生也都处于青春年少、风华正茂的年龄，活泼好动，充满好奇心，因此，在教学过程中，教师应当着重对学生进行安全意识的教育。

在武术教学过程中，隐藏着很多不安全的因素，教师如果忽视或大意，则有可能影响学生的身体健康和课程的顺利进行，严重时还可能危及学生生命。因此，教师在授课的全过程中，应当把安全放在首位，时时保持高度的警惕性，及时进行安全宣导和安全检查。

安全教育是素质教育的重要环节，安全教育体现了学校对学生成长的关切。武术教学应遵循以人为本的理念，把学生的身体健康和生命安全放在首要位置。例如，在进行器械训练前，教师应详细讲解器械使用的注意事项和关键动作的技术要领，并要求学生在练习时应保持足够的安全距离，以免伤及他人。教师还应根据场地、天气、课程内容，提醒学生需要关注的事项。具体来说，教师应做到以下3点：

①随时关注场地及器械的安全情况，及时作出相应的调整。

②在课程开始前，应让学生做好充足的准备活动，以适应课程内容的需要，穿合身的运动服饰，不佩戴首饰，不随身携带利器。

③涉及器械的课程应让学生严肃对待，不可嬉笑打闹；学生两两对练时应保持合理距离；持器械练习时，开始动作要慢，劲力要轻，对练时要点到为止，在熟练之后再逐渐加快速度，不可一味求快。

5. 培养学生骨干

有时，一个班级内学生人数过多，教师不能一一照顾到，因此，可以适当安排有能力的学习骨干帮助教师一起推进教学进程。培养学生骨干的目的是引导、带领其他学生更好、更快地掌握技术要领，同时使教学能够顺利、高效地开展。教师应当在平时的教学过程中，留意学习能力强、技术动作掌握快的学生，将其挑选出来培养成骨干或是组长，而后将其安排在学生中间，平均分配到各个位置上，以便于其他学生可以近距离地效仿学习。

有了骨干的榜样示范作用，其他学生也会增加学习的自信心，认为自己也可以像骨干同学一样，能够很好地掌握技术动作。同时，由于同学间的关系更为亲近，有的羞于表达的学生更乐于向骨干请教问题，沟通、交流自己的想法，从而使教师对于课程的管理和学生的管理更游刃有余，让教学成效事半功倍。

二、武术课程的优化

接下来将讲述武术课程如何针对这些挑战，做进一步地优化和改善。

（一）拓展武术课程教学方法、内容和类型

一般来说，高校武术课程都是以选修课的形式供学生选择学习的，这种单一的形式制约了武术的发展。高校应当综合考虑自身条件、课程内容、师资水平、教学理念等因素，设置多种形式的课程，开展课内与课外一体化教学，不断完善武术课程的结构。

高校武术课程在内容设置上，通常以套路动作为主要的课程内容，散打或格斗运动在高校武术课程中大受欢迎。因此，高校应当顺应趋势，满足学生的兴趣和要求，将散打或格斗运动纳入体育教学课程体系中，在丰富了高校体育课程类型的同时，也增加了学生对武术的兴趣和学习积极性。

在武术教学中，对武术套路教学进行改革是武术教学创新发展的原动力。在教学过程中，只有不断的改革和改进，才能有效地提高教学质量，促使学生全面健康地学习成长。教师通过不断地创造和研究新的教学方法，使得学生能够从武术套路的学习中体会到成就感，感受到武术独有的魅力。

（二）加强武术教材建设

武术学科从类型上属于体育学，但又不只是单纯的体育学范畴，还与训练学、美学、伦理学、养生学、中医学、哲学等学科有着紧密的联系。武术学科是一个多学科相互交叉、结合的一个新兴专业，只有在自身教材发展出一定的体系和整体性时，才能在稳固的整体性之外发展出其他方面的内容。因此，高校应根据自己的发展方向和武术课程的基本要求，自行研发设置适合自己需求的教材。

教材内容的选择应符合教学的实际情况，应当注重基本动作和基本功的练习。有关武术套路的教材比较繁杂，高校应选择适合自己需求的版本，难易程度要根据实际情况。通常来说，有以下3种情况：

①对于大多数没有接触过武术套路练习的学生来说，教材的选择应侧重于基

本功和基础动作的学习。基础知识应当以武术套路为中心，进行相关知识的讲授。

②中等水平应当以基本武术套路代替基本功，并要不断地拓展武术技术领域和范围，以提高综合理论知识的讲解。

③较高水平则应以提高技术动作质量和竞技能力为主要内容。

高校应根据实际情况来选择与之相匹配的教材，应当根据不同地域、地区的学生能力水平和武术的特点，选择适合本学校武术发展的教材，为不同水平的学生所使用。

（三）培养学生"终身体育"意识

随着时代的发展和进步，当今社会需要具备创新意识和具有较强适应能力的复合型人才；而体育教学也在从传统体育模式逐步走向重视人的全面发展和培养终身体育模式的轨道上来。目前，体育正在成为人们生活中不可缺少的一部分，"终身体育"理念的产生也就理所应当了。

通过武术的套路练习，学生可以将学到的武术知识应用到日常工作和生活中，并持之以恒地保持健身的良好习惯。武术教学应当着重培养学生的终身体育意识，以进一步促进中国武术文化的传承和发展。

（四）培养学生的爱国热情和民族精神

武术是中国传统文化的重要组成部分，与中国的社会发展、经济进步、文化自信有着密切的联系，甚至对社会生产生活的多个方面都有着影响。武术的教学活动应当培养学生的武德，让学生懂得基本的武术礼仪，以武术为出发点，增加学生对武术文化的认知和理解，培养学生的爱国热情和民族精神。

武术教学过程自始至终都应当重视武德教育，并要逐步激发学生对于武术文化的热爱，以实现武术套路教学的目的。此外，武术教学过程，应当注重对武术精神内涵的学习，从而使学生的心态、情绪和精神风貌有质的改观，最终使武术教学取得高质量的发展和进步。

（五）发挥高校武术协会的作用

武术协会是在高校学生会体育部的领导下，在体育教学部的指导下开展工作的，是学生群众性体育组织。武术协会既为热爱武术的学生提供了一个自我展示的平台，也解决了武术教学过程中学生练习不足的问题。武术协会的作用具体表现为以下 3 方面：

第一，在高校的体育管理系统中，武术协会是一个群众性的体育组织，学生自愿参加，自己管理，可最大限度地调动学生学习武术的积极性，并且可以不断增强学生的兴趣点。

第二，武术协会是学生与学校体育部门之间沟通联结的桥梁。学校体育部门可以通过武术协会，更好地了解学生在武术或是体育方面的学习情况，以及学生在练习中出现的技术、心理、精神等方面的问题，也为学校制订相关的教学计划提供了有力参考。与此同时，武术协会的成立还可以很好地维系学生与高校体育部门之间的关系。

第三，武术协会为本校和外校之间的学习沟通建立起畅通的桥梁，这促进了学校之间武术技术的交流，为武术运动的发展提供了基础保证。

第二节　武术基础课程教学

一、武术基础课程教学概述

武术的基本功和基本动作是武术教学的基础课程，是提升学习武术技能水平的必要前提。学生更好地掌握武术的基本功和基本动作，有助于之后进一步学习武术套路，同时为其他拳术和武术套路的学习做好铺垫。在武术学习过程中，学生在身体素质教育得到加强的同时，也可以初步掌握武术套路的基本技术、武术套路的理论知识和健康体育的理念，从而提高对体育运动的认识和热爱，为日后系统地学习武术套路运动知识、养成良好运动习惯、形成科学稳定的价值观和健康意识奠定基础。

二、武术基础课程传统教学与现代教学对比

在武术基础课程教学中，传统方式与现代方式存在很大的区别，具体表现在武术基础课程教学理念、教学目标、教学内容和教学评价等几个方面。

（一）武术基础课程教学理念

随着时代的发展，武术基础课程教学理念在不断革新，与传统武术课程教学理念形成了鲜明的对比，具体如表4-2-1所示。

表4-2-1　武术课程教学理念对比

传统武术课程教学理念	现代武术课程教学理念
讲表面知识	讲知识精华，快乐教学
侧重身体培养	身心协调发展
传授概念	传授文化精髓
以教学成果为导向	注重学生的长远发展

结合传统与现代武术课程教学理念的对比，可以看出，在传统武术教学中，教师向学生展示武术技术动作，只给学生讲解武术的动作和历史渊源，教学单纯注重学生的身体发展和健康；教师只是向学生传授武术文化，让学生了解和认识武术传统文化的内涵；教师只看重教学过程中学生对武术知识和技术的掌握，以教学成果为导向，缺少向学生传递武术运动、促进身心健康发展的内容和过程。

在现代的武术教学中，教师通过引导的方式，让学生在课程中体味武术的精华、感受运动的快乐；教学除了重视学生身体素质的提高外，更侧重学生心理素质的改善，使其身心协调发展；教师更关注学生对传统武术文化精髓的深入理解，让学生成为传统武术文化传承的载体；教师也更加注重武术文化对学生今后的学习和生活乃至人生的深远影响；教师将终身武术教育的理念渗透在日常的教学工作中，使学生在未来的人生道路上也能从武术文化中受益。

（二）武术基础课程的教学目标

1.武术基础课程的理论知识

在传统的武术教学过程中，学校侧重武术理论课的教学，教师主要传授课本中的知识，忽略了武术训练实践中的应用。教学目标只是让学生熟练掌握武术的创始起源、发展演变、流派分类、基本功和基本动作的理论知识。学校往往只侧重于武术技术动作的传授和期末的考试成绩。

在现今武术教学模式中，学校除了将基础的理论知识作为武术学习的前提外，更加注重武术理论在训练实践中的应用，以及将武术精神的理论应用到日常生活和未来人生的发展中。学生对理论知识的了解和掌握只是帮助自己全面认识和理解武术的来龙去脉，对武术有一个时间维度上的系统认知。在教学中，最后的测评成绩在现今教学中只作为辅助参考部分，教学更看重的是学生掌握了多少武术实用技术动作、学生的身心是否得到充分的锻炼。

2. 武术基础课程的教学过程与方法

武术的理论基础需要通过科学、合理的教学方法来呈现，因此，教学过程的设置是否合理有效，同样影响着后期教学效果的优劣。在传统的武术教学课程中，通常只是单一的教师主动教、学生被动学，教师只关心课程进展的快慢，而较少关注学生掌握的程度如何。在传统模式中，教学的方式较死板，过于注重武术中的繁文缛节，让学生在敬畏教师的同时，也增加了紧张感，因此会影响学生练习武术的积极性。

反观现行的教学课程，更多地将游戏和轻松的内容融入教学环境中。这样可使学生能在愉悦、自由的状态里得到身心的发展。教师在其中只扮演了引领者的角色，帮助学生在正确的学习道路上不断前进。学生在学习中遇到困难时，教师可以帮其整理思路，引导学生去找到解决问题的方法，锻炼学生解决问题的思维模式，知一懂百，知水滴晓大海。

3. 武术教学中学生的情感态度与价值观

一般来说，学生对于武术的情感态度，影响着学生学习武术的效果，同样也影响教师的教学进度。在武术教学中，教师较少关注学生的心态变化，也很少关心学生健康心态的培养。在现行武术教学范畴中，教师更加注重学生的情绪管理，注重学生是否拥有健全的心态。在现行教育模式下，教师更加注重武德及做人品行与实际生活之间的联系，侧重学生的学习掌握程度，把学生放在第一位，而不只是看重教师的教学评价和教学成果的数量。

（三）武术基础课程教学内容

从教学内容上看，武术基础课程重视基本功和基本动作的传授，如手型、步型、腿法和平衡等基本动作，以及肩功、腰功、腿功和桩功等基本功。教学内容包括武术理论、身体素质和技术动作，大致来说，就是理论与实践部分。通常在传统教学中，将理论与实践这两大部分独立开来分别进行教学，二者之间的相互联系少之又少，教师没有更多地讲授二者之间的关联性，只能靠学生的悟性。

现今执行的武术教学内容，除了必要的武术基本功和基本动作的基础授课外，教师将重点更多地放在了帮助学生理解理论与实践相结合的部分。例如，在基本动作中，需要如何调动身体的精气神、如何调整气息、如何集中力道、在哪个部位发力和发力时间的长短等相关内容，都需要教师对学生进行引导，帮助学生快速地调整到合理的学习状态。教师讲的内容多或少，需要有一个度，并不是教师讲得多就不好，也不是教师讲得少就好，这需要根据武术课程要求来具体制定。教学内容制定的最终目的就是要教师帮助学生掌握武术运动的内涵，引导学生通过自己的领悟力来提高学习的兴趣和效率。

（四）武术基础课程教学评价

在教学活动中，最重要的一项内容，就是对教学过程进行评价，即从一个方面来评判教学整体流程中各项内容和方法落实执行的情况。武术基础课程的教学评价指的是，教师对学生学习掌握知识的程度的评价和评分，这直接关系到学生在这门课程中的学习是否达到学校的教学要求。如果教师给的评分过低，那么学生还有可能要重新选修这门课程。这里就存在一个主观因素的影响。例如，评价一个武术动作完成的优劣，属于定性的评价，不可避免地就会掺入主观成分。

在现今的教学活动中，教学评价在传统教学模式上更进一步，包括两方面内容：教师对学生的评价和学生对教师的评价。教师对学生的评分和评价反映了一名学生在整个教学周期中的总体表现情况，这也是结课测评的重要依据。另外，学生可以对教师的教学质量打分评判，这样就可以让教师时刻有一种紧张感，对教师有一种心理上的约束，使其把更多的精力放在如何提高教学质量上，把学生作为教学的重心，以人为本，侧重于对学生的关怀。同时，在教学互评中，应当尽可能地将评判指标标准化、数据化，以清晰、明了的定量数据来进行更客观、更理性的评价。

三、武术基础课程教学的发展

通过上文中所介绍的武术基础课程的传统教学方式与现行教学方式之间的对比，不难看出：武术教学理念，应当更加注重学生身体素质和心理健康的协同提升，以身体素质为基础，以心理健康为重点，指导教学工作顺利开展；在教学目标中，把掌握武术基础理论作为根本，把理论与实践相结合作为重中之重，理论要与训练实战相结合，要与身心健康相结合，要与日常生活相结合，要与人生目标相结合；在教学方法中，教师要力求灵活多变，个性化授课，在轻松、愉快的氛围中让学生高效地掌握教学内容和标准，还可利用多媒体丰富的展示性来进一步激发学生对武术运动的热情；在武术课程内容的设置上，要与时俱进，既要继承，又要创新发展，使传统与现代相结合，使老动作与新方式相结合；在教学评价中，要充分实行师生互评制，尽可能地以量化指标进行评价，做到客观、理性。

第三节 武术器械课程教学

在高校武术教学中，器械武术课程教学是高校武术教学内容的重要组成部分，占有相当大的比例，并发挥着重要的作用。本节就高校器械武术中的刀术、剑术的课程教学内容进行阐述。

一、刀术课程教学

（一）刀术的基本动作教学

刀术中的刀法千变万化，但是，这些变化都离不开刀的基本技法。就刀术技法，简要阐述如下几种：

1. 缠头刀

开步站立；右手持刀于体侧，刀尖向前，左臂前举，肘关节微屈，指尖向上，成侧立掌。目视前方。右臂内旋上举，刀尖下垂，刀背绕至左肩，左臂屈肘，左掌摆至右上臂外侧，呈立掌。刀背贴背绕过右肩，向左平扫至左腋下，刀刃向左，刀尖向后上方，左掌向左、向上架于头上方。

2. 裹脑刀

开步站立；右手持刀置于左腋下，刀刃斜向后，刀尖向后上方，左掌架于头上方。目视前方。右手持刀，向右平扫至体前再臂外旋上举，使刀尖下垂，刀背沿右肩贴背绕至左肩，左掌向左下落至平举再屈肘平摆至右腋下。右手持刀下落，置于身体右侧，刀尖向左前，左手向前推出呈立掌。

3. 藏刀

开步站立；右手持刀，刀尖斜向下藏于右髋侧，左掌直臂前推为平藏刀。眼睛视正前方。右脚在前，错步站立；右手持刀，刀身横平，刀尖向后，藏于左腰侧，左掌架于头上方，为拦腰藏刀。开步站立；右手持刀，刀身竖直藏于左臂后，左掌架于头上方为立藏刀。眼睛视正前方。

4. 劈刀

右脚在前，错步站立；右手持刀上举，刀刃向前，刀尖向上，左掌按于胯旁。目视前方。右手持刀，由上向下直臂劈至体前，左掌屈肘上合，置于右肩前。

5. 截刀

左脚在前，错步站立；右手持刀，直臂前举，左掌立掌于右肩前方。眼睛正视前方。身体右转，左脚收至右脚内侧呈丁步；随转体，右手持刀，刀刃斜向下截至身体右侧，同时左掌直臂向左斜上方分掌。目视刀尖。

6. 撩刀

右脚在前，错步站立；右手持刀，直臂前举，左掌立掌于右肩前方。眼睛正视前方。右手持刀，臂内旋，直臂向上立绕至体后再变外旋，向下沿身体右侧贴身弧形向前撩至体前上方，刀刃向上，左掌前伸，直臂向上绕至体侧。目视刀尖。

（二）刀术初级套路教学

1. 动作名称

①预备势。

②第一段：起势—弓步藏刀—虚步藏刀—弓步扎刀—弓步抡劈—提膝格刀—弓步推刀—马步劈刀—仆步按刀。

③第二段：蹬腿藏刀—弓步平斩—弓步带刀—歇步下砍—弓步扎刀—叉步反撩—弓步藏刀—虚步抱刀—收势。

2. 动作说明

（1）预备势

两脚并立，左手虎口朝下，拇指在前，其余四指在后握住刀柄，手腕部贴靠刀盘，刀刃朝前，刀尖朝上，刀背贴靠前臂内侧；右手五指并拢，垂于身体右侧；目视前方。

（2）第一段

①起势：左手握刀与右手同时从两侧向额上方绕环，至额前上方时，右手拇指张开贴近刀盘，接握左手刀。动作要点：两臂从体侧向额前上方绕环的动作必须协调一致。

②弓步藏刀：右腿屈膝略蹲，左脚向左上步。右手持刀使刀背贴身从左绕向身后，左臂内旋（拇指一侧朝下）向左伸出。目向左平视。上身左转，左腿屈膝，右腿伸直，呈左弓步。右手持刀，手心朝上，上身左转的同时，从身后向右、向前、向左平扫至左肋时臂内旋，手心朝下，刀背贴靠于左肋，刀身平放，刀尖朝后；左臂随之屈肘上举至头顶上方呈横掌。目视前方。动作要点：缠头时，刀背必须贴着脊背绕行；扫刀时，刀身平行，迅速有力。

③虚步藏刀：上身右转，左腿伸直，右腿屈膝，呈右弓步。右手持刀，手心朝下，随上身右转向右平扫，刀背朝前；左掌随之向左侧平落，手心向下。目视刀身。顺扫刀之势右臂外旋，手心朝上，使刀背向身后平摆。以右脚前脚掌为轴碾地，脚跟外展，上身随之左转，左脚后收半步呈虚步。刀尖朝下，从背后向左肩外侧绕行；同时左手经体前向下、向右腋处弧形绕环。目向左前方平视。右手持刀从左肩外侧向下、向后拉回，肘略屈，刀刃朝下，刀尖朝前；左手随即向前呈侧立掌平直推出，掌指朝上。目视左掌。动作要点：以上四个分解动作，必须连贯起来做；扫刀要平，绕刀要使刀背贴靠脊背。

④弓步扎刀：左脚稍前移，踏实，右脚随即向前上步，呈右弓步。左掌在上步的同时，向后直臂弧形绕环至身后平举呈勾手，勾尖朝下；右手持刀随之向前扎刀，刀刃朝下，刀尖朝前。目视刀尖。动作要点：刀尖和右手、右肩要平行，上身略前探，力达刀尖。

⑤弓步抢劈：左脚向左斜前方上步，呈左弓步。右手持刀臂内旋、屈腕，使刀尖由左斜前方向上挂起，刀刃朝上；左勾手变掌附于右肘处。目视刀身。右手持刀从上向右斜前方劈下，刀尖稍向上翘；左臂同时屈肘上举，至头顶上方呈横掌。目视刀尖。动作要点：抢劈动作必须连贯、有力，与步法配合一致。

⑥提膝格刀：左脚尖外展，右腿提膝。刀由前下向左上横格，刀垂直立于胸前，刀尖朝上，刀刃向左；左手横附于刀背上。目视刀身。动作要点：提膝与格刀必须同时完成。

⑦弓步推刀：右脚向前落步。右手持刀向后、向下贴身弧形绕环；左掌此时从上向下按于刀背上面。目视刀尖。上体微右转，左脚从体前上步，呈左弓步。右手持刀随之向前撩推，刀刃斜朝上，刀尖斜朝下；左掌仍按刀背，掌指朝上。上身前探，目视刀尖。动作要点：撩推刀必须与步法协调一致。

⑧马步劈刀：上体右转，两腿屈膝半蹲呈马步。右手持刀从左向上、向右劈下，刀尖稍向上翘与眉相齐；左掌在头顶上方屈肘呈横掌。目视刀尖。动作要点：转身、劈刀要快，力达刀刃；马步两脚尖要向里扣，大腿坐平。

⑨仆步按刀：右脚向右后方撤一大步，右腿屈膝全蹲，左腿伸直平铺，呈左仆步，上身右转的同时，右手持刀做外腕花（以腕为轴，刀在右臂外侧向前下贴身立圆绕环）；左掌同时向下按切，附于右手腕，刀尖朝左，刀刃朝下。目向左平视。动作要点：撤步与外腕花快速有力，并与仆步按刀协调连贯；做仆步时，上身略向左前方探倾。

（3）第二段

①蹬腿藏刀：右腿蹬直立起，左腿提膝呈独立；右手持刀向右后拉回，左掌向左前方伸出，掌指朝上。目视左手。上身左转，右手持刀从后向前由左膝下方朝左裹膝抄起，左掌屈肘附于右前臂。目视前下方。右手持刀从左肩外侧向后沿肩背绕行，左腿即向左斜前方落步呈左弓步，左掌向左平摆。右手持刀经肩外侧向前、向左平扫，至左肋时顺扫刀之势臂内旋，将刀背贴靠左肋；左掌随之屈肘上举至头顶上方呈横掌。右脚脚尖上翘，用脚跟向前上方蹬腿。目视脚尖。动作要点：缠头时必须使刀背绕裹左膝后顺脊背绕行，动作要迅速，蹬腿要快，并与缠头刀协调连贯。

②弓步平斩：右脚向前落步。左脚向前上步，右脚趁势提起，上身在上步的

同时向右后转。右手持刀手心朝下，随着转身平扫一周；左掌从上向左后方平摆，掌心朝上。右手持刀臂外旋，刀尖朝下，使刀从右肩外侧向后绕行，做裹脑动作；右腿后撤一步，呈左弓步。右手持刀使刀背贴靠于左肋，刀尖朝后；同时左掌屈肘上举至头顶上方呈横掌。目视前方。上身右转，呈右弓步。右手持刀，手心朝下，向右平扫，扫腰斩击，刀尖朝前；左掌同时从上向后平摆，掌指朝后。目视刀尖。动作要点：裹脑时必须使刀背贴靠脊背绕行；斩击时刀要与肩斗，力达刀刃。

③弓步带刀：右手持刀臂外旋，使刀刃朝上，刀尖稍向下斜垂。重心左移，左腿全蹲，右腿挺膝伸直平铺呈仆步。右手持刀向左上方屈肘带回；左臂屈肘，左掌附于刀把内侧，拇指一侧朝下。目向右侧平视。动作要点：翻刀、后带动作要连贯。仆步时，上体稍向左倾斜。

④歇步下砍：上身稍抬起。右手持刀，刀尖朝下，从右肩外侧向背后绕行；左掌同时向左侧平伸，拇指一侧朝下。左脚从身后向右侧插步。同时右手持刀从背后向左肩外侧绕行，手心朝下，刀身平放，刀尖朝后；同时左掌向右腋处弧形绕环。目向右视。两腿屈膝全蹲呈歇步。右手持刀在歇步下坐之同时向右下方斜砍，刀刃斜朝下，刀尖朝前；左掌随之向左摆出，在左侧上方呈横掌。目视刀身。动作要点：上述分解动作，要连贯一气呵成；下砍时力点在刀身后段。

⑤弓步扎刀：上体左转，双脚碾地，左脚向前上半步，呈左弓步。同时右手持刀，随势向前平伸直扎，刀刃朝下，刀尖朝前；左掌顺势附于右腕里侧。目视刀尖。动作要点：转身、碾地、上步与扎刀协调连贯，力达刀尖。

⑥叉步反撩：上体稍直起并右转，右脚不动，左脚向右前方活步。同时右臂内旋，刀背朝下，使刀由前向上、向后直臂弧形绕行，刀刃朝下；左掌在屈肘时收于右肩前侧。眼睛视左下方位置。右脚向左脚前方上步，呈右弓步。同时右手持刀向下、向前直臂弧形撩起，刀刃朝上，刀尖朝前；左掌由右肩前向上直臂弧形绕行至头部上方时，屈肘横架，掌心朝上，掌指朝前。目视刀尖。右脚内扣，上体左转，刀随转体收于腹前，刀尖上翘，左掌下落附于右腕处。目视刀尖。左脚向右脚后横迈一步呈左插步。同时右手持刀向后反臂弧形撩刀，刀刃朝上；左掌向左上方插出，掌心朝前。目视刀尖。动作要点：上步要连贯，撩刀要走立圆，刀尖不可触地，力达刀刃前部。

⑦弓步藏刀：左脚向左前方上一步。同时右手持刀臂内旋，刀尖朝下，使刀由左肩外侧向后绕行，做缠头动作。身体重心向左移后，呈左弓步。右手持刀由背后经右向左平扫，至左肋时顺扫刀之势臂内旋，使刀背贴靠于左肋，刀尖朝后；同时左掌屈肘上举至头顶上方呈横掌。目视前方。动作要点：缠头时必须使刀背贴靠脊背绕行，扫刀要迅速，力达刀刃。

⑧虚步抱刀：上身右转，左腿伸直，右腿屈膝。同时右手持刀向右平扫，左掌随之向左平摆，掌心朝上。目视刀尖。上身稍直起，同时右手持刀顺平扫之势，臂外旋，手心朝上，使刀向身后平摆，继而屈肘上举使刀尖下垂，刀背贴身；左掌协调配合。目向右平视。上体右转，呈右弓步。右手持刀由背后经左肩外侧向身体前方平伸拉带，刀刃朝上，刀背贴于左臂，刀尖朝后；左掌由左向下、向前直臂弧形摆起，至脸前时，拇指张开，用掌心托住刀盘，准备将右手之刀接回。目视两手。右脚跟外转，上体左转，左脚由左移至身前，呈左虚步；同时左手接刀，经身前向下、向身体左佻抱刀下沉，刀刃朝前，刀背贴靠左臂，刀尖朝上；右手由身前向下、向后、向上直臂弧形绕至头上方时屈腕呈横掌，掌心朝前，肘稍屈。目向左平视。动作要点：裹脑刀要使刀背沿右肩贴背绕行，虚步要虚实分明。

⑨收势：右脚向前、向左脚靠拢，并步直立。右掌随即由右耳侧向下按落，掌心朝下，肘略屈并向外撑开，左手握刀不动。目视前方。动作要点：上步和按掌动作要连贯迅速。

二、剑术课程教学

（一）剑术基本动作教学

1. 握剑

虎口贴近护手（或称剑格），拇指与其余四指相对握拢剑柄。在传统剑术中，握剑也称为"把法"。一般分为满把、螺把、压把、钳把、刁把、按把等形式。在现代教学训练中，通常将握剑分为正握、反握、俯卧和仰卧。

①正握剑：立剑，小指侧刃向下。
②反握剑：立剑，小指侧刃向上。

③俯握剑：平剑，手心向下。

④仰握剑：平剑，手心向上。握剑要求手腕灵活，掌心涵空，随剑法之需要，五指要用力灵活多变，且掌缘、掌根、虎口各部位的着力亦须随之变化。故而正确掌握握剑方法，是完成各种剑法的关键。

2. 持剑

手心贴紧护手，食指附于剑柄，拇指和其余手指分别紧扣于护手两侧，剑脊轻贴前臂后侧。持剑常见于剑术套路的起收势。

3. 立剑

单手握剑柄，使剑刃朝上下，或者是单手握剑柄，虎口朝上或朝下，使剑身上下直。

4. 平剑

单手握剑柄，手心朝上或朝下，使剑刃向两侧。

5. 刺剑

刺剑时，剑刃可呈立剑或平剑，要求力从腰发，达于剑尖，动作脆快，持剑臂与剑呈一直线。刺剑按其进攻方位分为：平刺剑、上刺剑、下刺剑、低刺剑、后刺剑、探刺剑。《武术竞赛规则》规定：平刺剑剑尖高与肩平；上刺剑剑尖高与头平（有些剑术套路中的上刺剑剑尖高过头顶）；下刺剑剑尖高与膝平；低刺剑剑尖贴近地面，但不得触地；后刺剑要与身体后转、后仰动作协调一致；探刺剑前臂内旋，手心朝外，经肩向前上方或前下方立剑刺出，上体和持剑之臂顺势前探。

6. 劈剑

主要用于攻击对方的头部或肩部，可分为：

（1）左抡劈剑

剑沿身体左侧由下向后、向上、向前绕圆一周后劈出，左手尽量向右腋下伸出，使剑身贴体。

（2）右抡劈剑

右手握剑以右肩为轴在身体右侧绕圆一周劈出。

（3）后抡劈剑

身体向右后转体 180°，同时右手握剑由左向下、向右、向上，再沿身体右侧抡圆劈出，动作须与身体后转协调一致。劈剑要求动作连贯，剑走立圆，劈剑时立剑直劈，手腕挺直，剑与臂呈一直线，劲猛迅疾，力达剑身。

（二）剑术初级套路教学

1. 动作名称

①预备姿势。

②第一段：弓步直刺—回身后劈—弓步平抹—弓步左撩—提膝平斩—回身下刺—挂剑直刺—虚步架剑。

③第二段：虚步平劈—弓步下劈—带剑前点—提膝下截—提膝直刺—回身平崩—歇步下劈—提膝下点。

④第三段：并步直刺—弓步上挑—歇步下劈—右截腕—左截腕—跃步上挑—仆步下压—提膝直刺。

⑤第四段：弓步平劈—回身后撩—歇步上崩—弓步斜削—进步左撩—进步右撩—坐盘反撩—转身云剑—收势。

2. 动作说明

（1）预备姿势

身体正直，并步站立。左手持剑，以拇指为一侧，中指、无名指和小指为另一侧，分握护手盘与剑柄的分界处，掌心贴在护手盘下部，手背朝前，食指贴于剑柄，剑身贴于前臂后侧。右手握成剑指，食指和中指伸直并拢，无名指和小指屈向手心，拇指压在无名指的指甲上，手腕反屈，手背朝上，食指、中指内扣指向左下侧。两臂在体侧下垂，两肘微上提，目向左平视。动作要点：注意持剑时，前臂与剑身要紧贴并垂直于地面；两肩松沉，上身微挺胸、收腹，两膝挺直。

（2）第一段

①弓步直刺：右手接剑，左手握成剑指。左脚向前上半步、屈膝；右脚前脚掌碾地，脚跟外展，膝部挺直，呈左弓步。同时，上身左转，右手持剑向身前平伸直刺，拇指一侧在上；左手剑指随之伸向身后平举，拇指一侧在上。目视剑尖。动作要点：注意剑尖稍高于肩；做弓步时，前腿屈膝蹲平，两脚的全脚掌全部着

地。上身稍向前倾，腰要向左拧转、下塌，臀部不要凸起；两肩松沉，右肩前顺，左肩后引。

②回身后劈：左脚不动，右脚向前上一步，膝略屈，上身右转。同时，右手持剑经上向后劈，剑高与肩平，拇指一侧在上；左手剑指随之由下向前上弧形绕环，在头顶上方屈肘侧举，拇指一侧在下。目视剑尖。动作要点：注意剑身和持剑臂必须呈直线；上步、转身、平劈和剑指向上侧举必须协调一致；转身后，腰要向右拧转，左脚不要移动。

③弓步平抹：左脚向左前方上一步、屈膝；右腿在后，膝部挺直，脚尖里扣，呈左弓步。同时，左手剑指由胸前下降，经左下向上弧形绕环，在头顶上方屈肘侧举，拇指一侧在下；右手持剑（手心转向上）随之向前平抹，剑尖稍向右斜。目视前方。动作要点：注意抹剑时，手腕用力须柔和。

④弓步左撩：右腿屈膝在身前提起，脚尖下垂，脚背绷直。同时，右手持剑臂外旋使剑由前向上、向后划弧，至后方时，屈肘使手腕、前臂贴靠腹部，手心朝里；左手剑指随之由头顶上方下落，附于右手腕部（手心朝下）。目视剑身；右腿继续向右前方落步、屈膝；左腿在后蹬直，脚尖里扣，呈右弓步。同时，右手持剑由后向下、向前反手撩起，小指一侧在上；左手剑指随右手运动，仍附于右手腕处。目视剑尖。动作要点：注意剑由前向后和由后向前弧形撩起时，必须与提膝和向前落步的动作协调一致，握剑不可太紧；形成弓步后，上身略向前倾，直背、收臀；剑尖稍低于剑指。

⑤提膝平斩：左脚向前上一步，右手手腕向左上翻转、屈肘，使剑向左平绕至头部前上方，右脚随之由后向身前屈膝提起。右手继续翻转手腕，使剑向右平绕至右方后（手心朝上），再用力向前平斩；左手剑指由下向左、向上弧形绕环，屈肘横举于头部左上方。目视前方。动作要点：注意剑从左向后平绕时，上身必须后仰，使剑从脸部上方平绕而过，不可从头顶绕行；提膝时，左腿必须挺膝伸直站稳，右腿屈膝尽量上提，右脚贴护裆前，上身稍向前倾。

⑥回身下刺：右脚向前落步，脚尖外撇，膝略屈，上身右转。同时，右手持剑手腕反屈，使剑尖下垂，随之向后下方直刺，剑尖低于膝，拇指一侧在上；左手剑指先向身前的右手靠拢，然后在刺剑的同时，向前上方伸直，拇指一侧在上。目视剑尖。动作要点：注意右手持剑要先屈肘收于身前，在右脚向前落步和上身

右转的同时，使剑用力刺出；左腿伸直，右腿稍屈，腰向右拧转，剑指、两臂和剑身须呈一直线。

⑦挂剑直刺：左脚向前上一步，屈膝略蹲，右臂内旋先使拇指一侧朝下呈反手，然后翘腕、摆臂，使剑尖向左、向上抄挂，当持剑手抄至左肩时，再屈肘使剑平落于胸前，手心朝里；此时左腿伸直站立，右腿随之在身前屈膝提起，左手剑指屈肘附于右手腕处；接着，以左脚前脚掌碾地，上身右转，右手持剑使剑向下插，左手剑指仍附于右手腕处。目视剑尖；上动不停，仍以左脚前脚掌为轴碾地，右脚向身后跨一大步、屈膝，上身从右向后转；左腿在后蹬直，脚尖里扣，呈右弓步。同时，右手持剑向前直刺，剑尖与肩同高，拇指一侧在上；左手剑指随之向后平伸，拇指一侧在上。目视剑尖。动作要点：注意挂剑、下插、直刺三个分解动作必须连贯，它们与跨步、提膝、转身、弓步的动作要协调一致；弓步直刺后，两脚全脚掌均着地，上身稍向前倾，挺胸，塌腰。

⑧虚步架剑：右手持剑先将剑尖由左向右搅一小圈，臂内旋使持剑手的拇指一侧朝下。同时，以右脚跟和左脚前脚掌为轴碾地，右脚尖外撇，上身从右向后转，左脚向前收拢半步，两膝均略屈呈交叉步。在转身的同时，右手持剑反手向后上方屈肘上架；左手剑指屈肘经左肩前附于右手腕处。目向左平视；右腿屈膝不动，左脚向前进一步，膝盖稍屈，前脚掌虚着地面，重心落于右腿，呈左虚步。在右手持剑略向后牵引的同时，左手剑指向前平伸指出，手心朝下。目视剑指。动作要点：注意虚步必须虚实分明，右肘略屈使剑身呈立剑架于额前上方，左臂伸直，剑指稍高过肩。

（3）第二段

①虚步平劈：左脚脚跟外展，上身右转，重心移于左腿，右脚跟随之离地，成为前脚掌虚着地面的右虚步。在转身的同时，右手持剑向下平劈，拇指一侧在上；左手剑指即向上屈肘，手心向左上方，目视剑尖。动作要点：注意虚步必须分明，劈剑时手腕要挺直。

②弓步下劈：右脚踏实，身体重心前移，左手剑指伸向右腋下，右手持剑臂内旋使手心朝下。左脚随即向左前方上步、屈膝；右腿在后蹬直，脚尖里扣，呈左弓步。在左脚上步的同时，右手持剑屈腕向左平绕，划一小圈后向前下方劈剑，剑尖高与膝平；左手剑指随之由右腋下面向左、向上绕环，在头顶上方屈肘侧举，

上身略前俯。目视剑尖。动作要点：注意劈剑时，右肩前顺，左肩后引，剑尖与手、肩呈一直线。

③带剑前点：右脚向左脚靠拢，以前脚掌虚着地面，两腿均屈膝略蹲。右手持剑向上屈腕，使剑向右耳际带回，肘微屈；左手剑指随之由前下落，附于右手腕处。目向右前方平视；上动不停，右脚向右前方跃一步，落地后即屈膝半蹲，全脚着地；左脚随之跟进，向右脚并步屈膝，以脚尖点地，呈丁步。同时，右手持剑向前点击，拇指一侧在上；左手剑指即屈肘向头顶上方侧举，手心朝上。目视剑尖。动作要点：注意向前点击时，右臂前伸、屈腕，力点在剑尖，手腕稍高于肩，剑尖略比手低；呈丁步后，右腿大腿尽量蹲平，左脚脚背绷直，脚尖点在右脚脚弓处，两腿必须并拢；上身稍前倾、挺胸、直背、塌腰。

④提膝下截：右腿伸直，左腿退步后屈膝，上身后仰。右臂外旋手心朝上，使剑向右、向后上方弧形绕环；左手剑指不动；上动不停，右臂内旋使手心朝下，继续使剑向左、向前下方划弧下截，同时上身向前探倾，左腿屈膝提起。目视剑尖。动作要点：注意剑从右向左的圆形划弧下截必须连贯；左膝尽量高提，脚背绷直；右腿膝部挺直，站立要稳；右臂和剑身呈一直线，剑身斜平。

⑤提膝互刺：右腿略屈膝，左脚向前落步，脚尖外撇。右臂外旋使手心朝上，并在左脚落步的同时向上屈肘，将剑柄收抱于胸前，手心朝里。剑尖高与肩平；左手剑指随之下落，屈肘按于剑柄上。此时两腿呈交叉步，目视剑尖；右腿向身前屈膝提起，左腿伸直站立。右手持剑向前平直刺出，拇指一侧在上；同时左手剑指向后平伸指出，手心朝下。目视剑尖。动作要点：注意抱剑与落步，直刺与提膝，必须协调一致。

⑥回身平崩：右脚向前落步，脚尖外撇；左脚前脚掌碾地使脚跟外转，屈膝略蹲，同时上身向右后转，呈交叉步。右手持剑臂外旋使手心朝上，屈肘向胸前收回，剑身与右前臂呈水平直线；左手剑指随之直臂上举，经左耳侧屈肘前落，附于右手心上面。目视剑尖；上身稍向右转，左腿挺膝伸直，右腿略屈膝。同时，右手持剑使剑的前端用力向右平崩，手心仍朝上；左手剑指屈肘向额部左上方侧举。目视剑尖。动作要点：注意收剑和平崩两个动作必须连贯；平崩时，用力点在剑的前端；平崩后，上身向右拧转，但左脚不得移动。

⑦歇步下劈：右脚蹬地起跳，左脚向左跃步横跨一步，落地后，右腿即向

左腿后侧插步，继而两腿屈膝全蹲，呈歇步。在跃步的同时，右手持剑向上举起，并在形成歇步时向左下劈，拇指一侧在上，剑尖与踝关节同高；左手剑指随着下劈动作，下按于右手腕上面。目视剑身。动作要点：注意呈歇步时，左大腿盖压在右大腿上面，左脚全掌着地，右脚脚跟离地，臀部坐在右小腿上；劈剑时，右臂尽量向前下方伸直，剑身与地面平行；劈剑与跃步呈歇步动作须同时完成。

⑧提膝下点：右手持剑先使手心朝下呈平剑，然后以两脚的前脚掌碾地，上身经右、向后转动，两腿边转边站立起来，右手持剑平绕一周。当剑绕至上身右侧时，上身稍向左后仰，同时剑身继续向外、向上弧形绕环，剑尖接近右耳侧；此时左手剑指离开右手腕向上屈肘侧举。目视前下方；上动不停，右腿伸直站立，左腿屈膝提起，上身向右侧下探俯，同时右手持剑向前下点击，拇指一侧在上。目视剑尖。动作要点：注意仰身外绕剑与提膝下点两个动作必须连贯、同时完成。右腿独立时，膝部要挺直，左膝尽量上提。点剑时，右手腕要下屈，剑身、右臂、左臂和剑指要在同一个垂直面内。

（4）第三段

①并步直刺：以右脚前脚掌为轴碾地，使上身向左后转。在转身的同时，右臂内旋并向拇指一侧屈腕，使剑尖指向转身后的身前；左手剑指随之由上经右肩前、腹前绕环，向正前方指出，手心朝下。目视剑指；左脚向前落步，右脚随之跟进并步，两腿均屈膝半蹲。同时，右手持剑向前平伸直刺，拇指一侧在上；左手剑指顺势附于右手腕处。目视剑尖。动作要点：注意两腿半蹲时大腿要蹲平，两膝、两脚均须紧靠并拢。上身前倾，直背、落臀。两臂伸直，剑尖与肩相平。

②弓步上挑：右脚上步屈膝，同时左脚脚跟稍内转，左腿挺膝伸直，呈右弓步。右手持剑直臂向上挑举，剑尖向上，手心朝左；左手剑指仍向前平伸指出，手心朝下。上身稍微前倾，目视剑指。动作要点：注意左臂伸直，左肩前顺，剑指略高过肩；右臂直上举，剑刃朝前后。上身挺胸、直背、塌腰。

③歇步下劈：右腿伸直，左脚向前上步，脚尖外撇，随之两腿交叉屈膝全蹲，呈歇步。同时，右手持剑向前下劈，拇指一侧在上，剑尖与踝关节同高；左手剑指屈肘附于右手腕里侧。上身稍前俯，目视剑身。动作要点：注意呈歇步时，左大腿盖压在右大腿上面，左脚全掌着地，右脚脚跟离地，臀部坐在右小腿上；劈

剑时，右臂尽量向前下方伸直，剑身与地面平行；劈剑与跃步成歇步动作须同时完成。

④右截腕：两脚以前脚掌碾地，并且两腿稍伸直立起，使上身右转，右腿屈膝半蹲，左腿稍屈膝，左脚前脚掌虚着地面，呈左虚步。右臂内旋使拇指一侧朝下，用剑的前端下刃向前上方划弧翻转，随着上身起立呈虚步，右手持剑再向右后上方托起，左手剑指仍附于右手腕，两肘均微屈。目视剑的前端。动作要点：注意两腿虚实必须分明，上身稍向前倾，剑身平横于右额前上方，剑尖稍高于剑柄。

⑤左截腕：左脚向前上半步，并以前脚掌碾地使上身向左后转，右脚随之向前上一步，前脚掌着地，两腿均屈膝，呈左实右虚之右虚步。在右脚进步的同时，右臂外旋，使剑身的前端向左前上方划弧翻转，手心朝上，剑身与地面平行；左手剑指随之离开右手腕，屈肘向上侧举。目视剑的前端。动作要点：注意事项同右截腕。

⑥跃步上挑：左脚经身前向前上一步，右脚随之在身后离地，小腿后弯。同时，右手心朝里，使剑由右向上、向左屈肘划弧，剑至上身左侧时，右手靠近左胯旁，拇指一侧在上并向上屈腕；左手剑指在右手向左下落时附于右手腕上。目视剑尖；左脚蹬地，右脚向右侧跃步，落地后屈膝略蹲，左脚随之离地屈膝从身后伸向右侧方，形成望月式平衡。上身向左侧倾俯。在右脚跃步的同时，右手持剑由左胯旁向下、向右划弧，当剑到达右侧方时，臂外旋并向拇指一侧屈腕，使剑向上挑击；左手剑指即向左上方屈肘横举，拇指一侧在下。目视右侧方。动作要点：注意跃步和上挑动作必须协调一致，迅速进行。挑剑时，腕部要猛然用力上屈。形成平衡动作后，右腿略屈膝站稳，左小腿尽量向上抬起。上身向右拧转，剑身斜举于右侧上方，持剑略松。

⑦仆步下压：右手持剑使剑尖从头上经过，继而向身后、向右弧形平绕，当剑绕到右侧时，即屈肘将剑柄收抱于胸部前下方，手心朝上。同时，右膝伸直，上身立起，左腿屈膝提于身前，左手剑指仍横举于左额前上方；上动不停，左手剑指经身前下落，按在右手腕上。左脚随之向左侧落步，屈膝全蹲；右腿在右侧平铺伸直，脚尖里扣，呈右仆步。同时，右手持剑用剑身平面向下带压，剑尖斜向右上方。上身前探，目向右平视。动作要点：注意做仆步时，左腿要全蹲，臀

部紧靠脚跟,不要凸起,两脚全脚掌均着地。上身前探时要挺胸,两肘略屈环抱于身前。

⑧提膝直刺:两腿直立站起,左腿屈膝提于身前,右腿挺直站立。同时,右手持剑向身前平伸直刺,拇指一侧在上;左手剑指屈肘在左侧上举,拇指一侧在下,目视剑尖。动作要点:注意右腿独立须挺膝站稳,左膝尽量上提,脚背绷直,脚尖下垂。上身稍右倾,右肩、右臂和剑身要呈一直线,左臂屈成圆形。

第五章　高校武术教学的创新发展

本书第五章为高校武术教学的创新发展，主要介绍了三个方面的内容，分别是高校武术教学方法的创新实践、高校武术教学模式的多元构建、当代武术教学中的武术文化传承。

第一节　高校武术教学方法的创新实践

一、拓展武术基地，开展实践性教学

当前，高校武术教学基本为校内教学，也就是说在校内由教师向学生讲解武术的知识、技能和道德，学生对这些内容进行学习。在校内运用这些知识与技能，导致武术教学存在无形的壁垒，学校隔绝了校内与校外的武术教育，武术教学与学习主要在校内进行，与校外的其他人与事物没有关系，这与原本的武术教学初衷相悖。对此，高校应该在教学方法上将这壁垒打破，积极引导武术走出去，可以与一些校外的武术训练基地加强合作，以此来为武术走出校园创造良好的条件。例如，高校可以与武术教学或者武术训练单位（武术学校、武术培训机构、影视武术城等）进行长期合作，共同开展实践教学，让学生定期去基地进行武术的学习。当然，学校也可以邀请这些单位的武术教师来校进行授课，对学生进行指导，让学生在不同的形式中丰富对武术的认识，掌握和运用武术内容。在实践性的教学中，高校应该对武术基地中的资源进行深入挖掘，借此来实现教学水平的提升和教学质量的提高。与此同时，高校可以开展学校之间的武术交流和学习活动，教师可以让学生以武术学校教练教师所教授的武术招式为标准进行练习，让学生

在不断的练习中感悟在招式对打中的作用，让学生在实践中了解和掌握招式的内容与功能，学会标准的招式动作，掌握招式的应用。

二、划分内容层次，开展针对性教学

在日常的武术教学过程中，在进行武术教学方法设计与应用的时候，教师要根据不同的学生和内容进行层次性的设计与应用，只有这样才能确保教学的针对性、有效性和科学性。教师在进行层次性教学的时候，可以按照学习通的教学模式来进行，根据学生的不同和内容的不同选择不同的方式，录制难易程度的不同、内容一致但时长不一的线上视频，实现有针对性和有效性的教学。学生可以从实际情况出发，根据自己的学习兴趣来选择相应的学习视频。其中，教学可以分为三个层次：低层次、中层次和高层次。教师可以按照这三个层次分别录制出对应的线上视频，学生可以对自己的学习层次进行判断，在此基础上选择合适的层次；不同层次的教学内容可以划分为三个难度级别：低难度、中难度和高难度。教师可以对讲解内容进行差异化的录制，学生可以根据所学内容的难易程度来选择适合自己的学习视频。

三、注重文化熏陶，开展内涵性教学

在高校中，武术教学的对象一般是大一和大二的学生。高校武术教学所追求的是武术的终身性学习。换句话说，高校武术教学旨在让学生在进行系统性的学习之后，培养学生学习武术知识、武术技能、武术道德的积极性和主动性，培养学生学习武术、研究武术的习惯和意识，让学生终身学习武术。要想达到这一点，如果仅仅凭借有限课上教学以及相对较少的教学内容，则很难成为学生进行终身武术运动的动力。基于此，高校应该从文化的角度入手，对学生的武术学习情操进行熏陶，让学生发自内心地喜好武术，产生学习武术的内生动力，调动起学习的积极性和主动性。在这一点上，高校应该从两个方面入手：一方面，对武术文化内容的教学应该加大力度。在日常的武术教学中，教师可以借助一些比赛或者是一些公共性的体育活动，鼓励学生参与其中，使学生在实践中感知武术文化的内涵，在参与中领略武术所具有的独特魅力与重要价值。另一方面，积极开展武术研学活动。与教师的教相比，学生在武术日常学习活动中所学习和掌握的内容更加巩固、认识更加深刻，这会对学生产生深刻的影响。对此，在日常的教学中，武术教师可以积极开展武术研学活动，让学生借助多种途径进行武术的主题研究，在此过程中增加学生的武术文化知识储备，加强学生对武术知识的认识，使学生更加深入地掌握武术知识，实现武术教学的文化内涵的提升。

第二节　高校武术教学模式的多元构建

一、高校武术教学模式的确定

（一）武术教学模式的概念

所谓的武术教学模式，是指依托于特定的教育理念，以大量的武术教学经验为依据，围绕武术项目形成的，为了达到武术教学的目的和内容所构建出一套相对稳定、简洁的教学结构理论框架，以及与之相配套的、具有具体可操作性的实验活动方式。

（二）武术教学模式设置的要素

武术教学模式设置的要素主要包括以下四种：

1. 教学目标

在武术教学模式设置中，应该在分析学习需要、学习内容和学生的基础上，确定武术教学目标，编写学生行为目标。其中，确定教学目标是武术教学系统设计的一项基本要求。教学目标一旦确定，其他方面的设计便围绕其进行。

2. 教学对象

武术教学实践活动应以学生这一对象为中心展开。现代体育教学设计明确指出"以学生为中心"展开体育教学设计。武术课程教学设置也不例外。因此，教师要充分分析学生的特点，根据学生的特点，评定学生的初始状态，预测学生的发展方向。

3. 教学策略

教学策略的设置包括许多方面，如采用什么样的经济而有效的教与学形式，安排什么样的教与学活动，设计何种教与学的方法，选择什么样的教学资源，安排什么样的课型，设计什么样的武术课程教学环节和教学步骤等一系列问题，此外，还有一些更具体的问题需要加以分析和考虑。在整个武术课程教学设置过程中，教学策略发挥着十分重要的作用。

4. 教学评价

在教学模式设置的最后，会完成一个体育教学设计的"产品"。"产品"是否符合体育课程教学目标的要求和学生的实际情况，能否取得最优的体育课程教学效果，必须对所采用的教学形式、教学方法、教学活动和步骤是否具体可行等一系列问题作出检验。这就需要对武术教学设计的成果进行评价，并根据评价结果进行及时正确的修正。

（三）武术教学模式设置的功能

1. 为教学设计理论研究提供资料和素材

武术教学模式设置包含教学设计的特定理论和指导思想，如"以学习为中心"的体育教学设计模式包含了"以学习为中心"的体育教学理论。这些教学设计模式除了包含理论思想外，还包含很多有关的实践素材。其中，教学理论可以转化为武术教学设计的理论，成为武术教学设计理论的来源；而实践素材可以给武术教学设计提供理论基础。

2. 为教学管理决策提供指南和依据

对体育教师的教学设计工作的管理是武术课程教学管理的重要内容之一。加强武术教学设计工作的管理能使体育教学工作有序地、完整地、有效地进行。武术教学设计模式提供了关于武术教学实践活动的各个环节和信息，为武术的教学管理决策提供了重要依据。

3. 为教学设计和教学活动提供指导

武术教学设计模式作为体育教学设计理论与实践的结合物，直接完整地指导武术教学设计的实践活动,这些指导能有效地推动武术教学实践工作者的教学活动。同时,武术教学设计模式不仅直接指导武术教学设计的实践,还与武术教学实践活动联系紧密,包含了武术教学实践活动的理念、取向、要素和操作程序,这些对于武术教学活动具有重要的指导意义。

(四)高校武术教学模式设置的典型分析

高校武术教学有着多种多样的教学模式,高校武术教学模式不仅对相关学科的教学模式进行了借鉴,在此基础上还将其学科特点融入其中。教师在进行武术课程教学的过程中,应该对各种教学模式进行掌握和使用,并且秉承不断开拓、创新的精神来创新教学模式,以此来提高武术教学的先进性,实现较好的武术教学效果。接下来对一些典型的武术教学模式设置进行介绍:

1. 示范教学模式

在武术教学上,示范教学法更易于为学生所接受,学生借助这种教学模式可以更好地掌握基础动作的要领与方法。在教学中,教师的正确的、恰当的示范动作能增强学生对武术的兴趣,使其自觉、主动地学习武术。

示范教学法的基本模式为:首先,教师示范动作;其次,学生互相观摩练习;最后,巩固定型,完成教学目标。在我国,这是教学中最常采用的教学模式,多在体育教学的知识教授和技能学习中运用。借助这种教学模式,学生可以对武术的基本知识有所了解,学会如何进行自我防卫,在学习中增强强身健体的能力,在感悟武术博大精深的基础上提升民族自豪感。

2. 引导式教学模式

引导式教学模式强调学生的主体地位,教师不再扮演简单的知识技能的传授者角色,而要实现角色的转变,成为学生学习武术的启发者和指导者,教师在教学中应该积极为学生营造一个有利于学习和发展个性的环境。在整个的武术教学活动中,教师应该将自学与指导相结合,让学生逐渐树立角色意识,促进学生的创造性思维能力的发展。引导式教学模式对教师的引导作用和学生的主动学习都非常强调,要求教师在武术的学习过程中不断总结经验,让学生分析和解决问题的能力获得不断提高。

3.情境陶冶式教学模式

情境陶冶式教学模式对学生的个性发展特别重视，一方面重视可以激发理性思考的活动；另一方面也重视陶冶情操与情感的活动，这样可以将学生的无意识的心理活动所具备的潜能激发出来，让学生可以在武术教学中实现集中思想和放松精神的学习。

情境陶冶式教学模式的基本结构如下：

（1）创设武术情境

在武术教学目标的基础上，通过语言描写、音乐伴奏、实物演示等方式对武术情境进行创设，从而达到激发学生对武术的兴趣的目的。

（2）参与各类活动

引导学生参与各种游戏、表演、观看录像等活动，让他们在特定氛围中，主动、积极地参与武术运动的学习，对他们产生潜移默化的影响。

（3）总结转化

对于武术内容主题的情感基调，在教师的启发和总结之下，学生能够深刻地理解和感悟，从而达到情与理的统一，并将这些知识和经验不断内化，转变为可以引导他们思想和行动的准则。这种教学模式有利于培养学生的个性，引导学生养成良好的人格。

4.快乐体育教学模式

快乐体育教学模式在武术课程教学中运用的实施过程主要分为课前准备部分、开始部分、准备部分、基本部分和结束部分。

课前准备部分主要内容有课前考勤、情感交流、器材摆放、技术指导、任务安排等教学任务。开始部分的主要内容有课堂礼仪、课堂内容、课堂纪律等。准备部分主要内容有列队表演、花样口令、变化跑、模仿操、合作操、专项游戏等。基本部分包括以已学动作的复习、新授动作的教学、综合能力的培养、运动负荷的调节等为主要内容。结束部分通常选择安排队列口令展、舞蹈加小结、放松小游戏、下课一支歌、临别送寄语等内容。

在高校武术课程教学中，运用快乐体育教学模式可以增强学生的学习兴趣，促进学生掌握武术技能，提高学生的创新等能力。

5."俱乐部"教学模式

高校"俱乐部"是一种学生组织团体。俱乐部制武术教学能够突破传统的单一认知的武术课程目标，把情感目标提高到与认知目标和能力目标同等重要的地位。因此，成立武术俱乐部是高校武术教学模式的重要组成部分，可吸引一部分学生参与武术学习和训练，以培养学生学习武术的兴趣。"俱乐部"教学模式还可以改变学生学习武术的态度、价值观和学生的运动方式，能够充分发挥学生的个性，培养他们形成勤于思考的能力。

二、高校武术教学模式改革的认识及定位

（一）对高校武术教学模式改革的认识

中华人民共和国成立以后，武术被正式列入传统体育范畴，开始沿体育的方向发展。武术被正式纳入学校体育课程，这在很大程度上提高了武术的社会地位，极大地促进了武术的发展传播，可以说，对整个武术的发展具有划时代的意义。武术被列入学校课程的重大意义是不言而喻的。但是，由于当时仅仅把武术定位于体育课范畴，所以，在教学过程中，人们仅注重了其技术层面，几乎完全忽视了精神文化层面的教育。即使在技术层面，由于受 20 世纪 50 年代中后期社会环境的影响，武术偏离了发展的固有方向，以至于学校武术长期以来仅沿着艺术表现和纯健身的方向发展。20 世纪 50 年代创编了初级长拳、初级器械和 24 式太极拳等武术套路，正是在此背景下产生的这些武术类型，而武术的其他内容均被排除在学校武术教学的大门之外。改革开放以后，武术界逐渐开展了对抗性项目比赛，武术逐渐沿正常的轨道发展。

随着时代变迁和社会变革，学校武术教学面临众多挑战和问题，亟须改革创新。一个民族的生存和发展依赖于它的民族精神。面对各种思想文化的交流碰撞，我们必须将培养和弘扬民族精神作为文化发展与建设中至关重要的任务，将培育民族精神纳入国民教育的全过程，以保持全民昂扬向上的精神状态。这表明，在当前社会发展中，"弘扬民族精神"和"传承民族文化"已经成为重要的发展主题。为了完成这项庞大的任务，必须进行实际的操作和具体的实践。中国武术蕴含着深厚的传统文化底蕴，其内在价值超越了身体技能的表现，尤其以其尚武精神激

励着无数志同道合之人为中华之崛起奋斗。因此，武术在发扬民族气质、弘扬民族精神、传承民族文化方面扮演着不可替代的重要角色。但是，如果想在现实社会中充分发挥武术在传承民族文化和弘扬民族精神方面的重要作用，唯一的途径就是通过教育，特别是使武术在中小学教育中广泛普及。学校武术教育模式设计应该从培育民族精神和传承民族文化的角度出发。

鉴于上述观点，我们建议在基于社会背景、学生需求和武术运动规律的前提下，对学校武术进行准确且恰当的定位，然后设计出可行性强的教育模式。

（二）高校武术教育模式在价值功能方面的定位

武术是一项中国独有的攻防格斗项目，因此，武术教学不能只停留在了套路和表演的阶段，学生无法将所学的武术动作应用于实际的攻防格斗中。由于安全问题，传统的"喂招"和"拆招"练习并没有发挥出作用，这导致原本喜欢格斗攻防的学生开始关注跆拳道和空手道等外来项目。

学生一般比较喜欢具有实际技击意义的技术。如何改变学校武术受竞技武术的框架和思维模式影响的现状，彻底抛开旧的运行模式，开辟新的思路，贯彻《普通高等学校体育教育本科专业各类主干课程教学指导纲要》的指导思想，从学生的角度和实用意义上考虑，强调"淡化套路、突出方法、强调运用"，成为当今我们设计学校武术课程体系的新视角。

根据对学生学习武术动机研究的结果，我们可以知道，学生学习武术最主要的原因是想要保护自己，其次则是为了改善身体状况。因此，就技术层面而言，学校在推广武术时，应该把防御技能提升为主要价值，并且在追求主要价值的同时，实现增强体质和促进健康的目标。然而，我们必须认识到一个困境，即有些武术内容和训练方法专注于技击方面，这并非完全有益于健康。因此，武术教学必须作出取舍，有选择性地摒弃这些内容。毕竟，学习武术的主要目的是提高身体素质，保持健康。换句话说，学校应该在保证"增强体质，保持健康"的基础上，注重武术的技击价值和实际应用。实际上，许多体育项目都在特定目标的引导下发挥着促进身体锻炼和提高健康水平的作用。足球的目标是在比赛中争抢控球并尽可能射门得分，篮球的目标是将球投进篮筐中得分，体操的目标是展现优美、准确的动作技巧，而武术则追求高超的技击水平。在追求个人兴趣的同时，参与各项活动的爱好者也在达成锻炼身体的目标。如果一切只从健身的角度去思考，那么反而不利于实现健身目标。儿童和青少年活泼好动，没有一种完全以健身为出发点的项目会受到他们的青睐。只有设置一定的动机和目标来激发他们的活动兴趣，才会让他们积极参与。在追求技击防卫的主体目标的同时，加强精神文化和武德方面的教育，也可以促进民族文化的传承和民族精神的弘扬。

因此，学校武术在价值功能上的定位是在增强体质、保持健康的前提下，追求武术的技击价值，即让学生通过追求增强防卫能力的目标，来实现增强体质、保持健康，传承民族文化、弘扬民族精神的目的。

（三）学校武术教育模式在运动形式方面的定位

在传统武术的实践中，我们能够领会武术所蕴含的传统文化内涵，这蕴含在"练打结合"的武术中，而非蕴含在"套路"或"散打"中。学校在开展武术教学面临的一个难题是，很难找到一位教师既能够掌握套路，又能够熟练掌握散打。武术教学时并不能由一位教师独自承担教学。那些只熟悉套路的教师，在散打教学方面可能会显得力不从心。他们所表现出来的实战动作并没有展现格斗感觉和意识，这是因为他们没有接受过系统的散打格斗训练。教授散打的教师面临两个问题：一方面，他们无法完全掌握所有套路动作和动作名称，因此难以进行套路的传授；另一方面，他们在示范套路时难以展现出套路所具有的美感，这使得学生很难接受。

考虑到上述因素，武术教师在进行武术教育的时候需要回归武术注重的"练打结合"的理念，对传统的教学方式和模式进行改革，实施新的教育方法。教师可以将传统武术中一些很实用的招法进行组合，也就是借鉴拳击和泰拳的组合套路训练方法，在武术教育中注重劲力、神韵和招法解破，模拟真实战斗场景进行训练，突出实用技法，采用从基础的徒手的"喂招"到拳脚靶训练，再到真实条件下的实战演练、自由实战等阶段，以取得良好的实战试验效果。同时，在使用武器进行训练时，学生可以选择鞭杆、刀和剑等器械。以刀法训练为例，训练从简单的站桩开始，逐渐进行劈刀、圈刀、拦刀、绞刀、闷刀等动作训练，形成短小的套路。接着，戴上简单的护具，使用木刀或短棍进行攻防格斗。通过这种方式进行训练，学生的刀法套路就具备了非常强的实战感，并且动作有力，令人感觉有一股强烈"杀气"，可以帮助学生找到武术自信。

总的来看，学校的武术教育模式采用了传统的"练打结合"的模式，这不仅符合武术运动的特点和规律，还能够展现出其独特的文化魅力。回归和复原"练打结合"需要经过长期的探索和实践，这需要许多武术家作出不懈的努力。武术教师所进行的探索只是站在武术学校教育角度的一次初步尝试，旨在引起武术界的关注。

三、高校武术教学创新模式的探索

（一）学校武术改革的整体模式

纵观整个武术发展史，从宏观上大体分成三个阶段：简单实用的阶段（明清之前），拳派林立的阶段（明清时期），体育化和多元化发展的阶段（民国时期到现在）。最初的武术就是一种简单实用的技术，一切基本功都围绕技击实战而展开。明清时期，中国传统文化已经全面成熟，大量的武术套路逐渐形成，其主流作为记载技击动作的载体而存在，不同的技击风格形成了不同特点的套路，众多拳种流派逐渐形成。民国时期，受西方体育的冲击和影响，武术开始了近现代体育化的历程。中华人民共和国成立以后，武术开始多元化发展，后来按价值功能的主导因素不同，主要分化成三大类：攻防技击类武术、艺术展现类武术、健身养生类武术。这基本上就是武术发展的整体脉络。

为了使广大教师和学生对武术脉络有一个整体了解，也考虑到学校对武术的课时安排有限的实际情况，有人提出如下学校武术内容的方案：小学以基本功、简单实用的基本技术、基本组合为主，内容不宜多（为武术的技击对抗打基础）；初中以基本技术、基本组合的对抗性练习为主（通过对抗性练习培养学生勇于拼搏、敢于竞争、积极向上的精神、气质和斗志）；高中在对抗性练习的同时，进行一些由实用的攻防组合连接而成的简短套路的教学（为了学生更好地记忆和训练，同时也通过这个过程基本了解中国武术的发展脉络）；普通高校可以设计不同风格的拳种、不同类型的武术供广大学生选学，学生可根据自己的喜好，从众多武术拳种中选择适合自己风格的拳种或类型（充分考虑每个个体的实际，因材施教，喜欢艺术的练表现类，喜欢技击的练攻防类，快速灵活型的可以练翻子、螳螂，沉稳矫健型的可练形意、八极，身法灵活的可练八卦、劈挂等）。

学生学习语文都是先学字，再学词，然后学句子，最后过渡到文章，乃至不同风格类型的文章。学校武术教学同样应遵循这个规律。

（二）普通高校公共体育的武术选项课改革模式

鉴于以上改革目标的实现需要一个较长时间跨度的系统过程，而且在目前广大大学生普遍没有武术基础的状况下，我们对普通高校公共体育的武术选项课的改革进行了深入研究，在问卷调查、座谈以及具体的改革实践的基础上，我们得出如下结论：以前开展的表现型的套路不符合广大学生的实际兴趣，传统攻防实用性的套路虽然蕴含着武术的精华，但不适合目前高校武术课的实际情况，太极拳类虽然蕴含着丰富的文化特色，但是因其运动量相对较小，也不宜作为武术选项课的主要内容，只能以补充的形式出现。也就是说，武术套路不适合作为普通高校武术选项课的主要内容进行开展。这种实际虽然对很多武术工作者来说更多的是无奈，但这毕竟是现实的客观存在，除非大环境改变，否则只能接受现实。

据此，高校武术技术课的设置应该以格斗实用技法为主、以套路为辅，可以围绕武术的四击：踢、打、摔、拿等实用技法展开。另外，为使学生较完整地了解武术的技术体系，在课程的后面可适当安排简单的器械技法介绍。具体可以做如下设计：第一，学习攻防技法的基本功，包括基本实战站位，基本步法，各种柔韧性练习的腿法、腰法、肩法等。第二，学习基本手法，包括直拳、摆拳、抄拳、鞭拳、劈拳、顶肘、盘肘、下压肘等；基本腿法，包括弹踢、正蹬、侧踹、截腿、鞭腿、顶膝、撞膝等，以及防守练习。第三，学习基本摔法，包括拌摔、顶摔、手别、脚别、过背、折腰等；基本拿法，包括拿指、拿腕、拿肘、拿肩和各种防卫性拿法，以及破解性练习。第四，进行攻防对抗性练习和实战练习，并进行套路性的总结。在整个过程中，灌输精神文化思想教育。作为辅助内容的理论课主要着眼于以下几方面：使学生从整体上了解体育、学校体育、民族传统体育、武术、武术课；深入讲解技法技理，更好地服务于技术课教学；进行弘扬民族精神的教育。

(三)微课等新型教学模式的开发运用

"微课"秉承用视频再造教育的理念,学生在进行视频观看的时候可以进行适当情况的暂停、倒退、快进、重复,这与学生的个性化学习和自主化学习是相匹配的。"微课"是指在"云时代"的移动互联背景下,以容量较小的视频为载体,记录普通教师在课堂上针对某一知识点、某一部分所进行的精彩绝伦的教学和学习过程。它将单个知识点中的各个要素进行优化整合,如目标、方法、作业、互动、评价和反思等要素,是一种新型的教学资源。武术不仅是优秀传统文化的浓缩,也是民族智慧的结晶。它蕴含着中国文化的意蕴与气魄,可以增强人的体质,具备自卫防身的功能,因此,开发武术微课程资源,推动高校武术课程的改革,是对中华优秀传统文化教育进行完善与发展的一项重要内容。

1. 高校武术课程微课的开发类型

(1)拍摄型武术微课

拍摄型微课主要是指在一定的授课环境中,制作者利用摄像设备记录及制作教师的讲课内容与学生的学习过程的视频微课。根据教学内容的要求,授课环境可分为室内教室环境和室外自然环境两部分。拍摄型微课最突出的特征就是教师通过镜头进行教学授课。教师的出境有利于在网络学习中营造良好的师生互动氛围,虽然视频内的教师与视频外的学生并不能进行直接的交流,但是,视频中教师的言行举止和表情动作等会对学生的学习产生一定的影响。拍摄型武术微课一般在品目上会同时出现教师和课件,也会出现二者相互切换或者分别呈现的情况。课件图像可以是静止的也可以是动态的,如视频、动画等。武术动作和演练路线具有复杂性的特点。在武术的教学过程中,学生很难一下子记住所有的动作与内容,教师可以借助拍摄型微课的形式,让学生及时观看到自己的动作是否正确和到位,得到真实的教学反馈。与此同时,如果教师在整个学习过程中出境,则会让学习过程更加具备人情味,可以让学生保持较好的学习状态。在武术教学中,教师可以借助拍摄型微课讲演结合的优势,对自己的操作过程进行全方位、清晰地展现,帮助学生对知识和动作技能进行理解和模仿练习。

(2)录屏型武术微课

录屏型微课主要指的是制作者需要在计算机中安装如录屏大师等录屏软件,

对教师通过教学课件进行教学的过程进行录制的过程。这些课件有基于 PPT、绘图软件、WORD 等各种形式制作的课件，并且在录制的时候，会对教师的授课声音进行录制，对教师的屏幕操作行为进行录制的视频微课。录屏型微课不会有教师及实物教具、现实环境的出现，只是对计算机屏幕上的内容（文字、图片和流媒体）进行呈现，这种微课形式对软件和硬件的要求并不高，也不会对制作者的技术有很高的要求，一般只需要准备一台安装了录屏软件的计算机即可，教师可以进行自主操作。在这种形式中，课件页面是视频画面，这就对课件的设计以及课件的美化提出了较高的要求，一般会要求课件在以下方面进行调整：色彩的搭配、图文的组合、书写的工整与规范、字体字号的设计、简易动画的编制等，避免出现课件的单调和粗糙现象。在高校的武术课程教学中，一般来说，采用录屏型微课的内容为动作演练路线、攻防对抗动作的搭配等教学内容，即只有需要充分地展现在屏幕上，加上教师的讲解和操作，才能对知识解释清楚的内容才适合录屏式微课。

（3）动画型武术微课

所谓的动画型微课主要指的是借助绘画艺术和 Flash 动画技术进行制作的微课，有着鲜明的特征——趣味性和可操作性。动画型微课具体包含两种格式：一是如 avi、mp4 等视频格式，这种格式的动画型微课仅仅可以观看，不能进行操作；二是如 Flash 等动画格式，这种格式的动画型微课不仅可以进行观看，还能进行操作。动画型微课可以在学生学习的过程中帮助学生对知识进行理解，尤其是需要学生运用空间想象能力理解抽象图形和图形的运动变化过程。动画型微课可以运用到需要增强趣味性的内容教学中，也可以用于不方便用真人和实物进行展示的内容。动画型微课教学在高校武术教学活动中，可以运用到一些难度动作（跳跃、跌扑、滚翻等）教学和动作路线的教学中，也可以用于非常复杂的技术动作教学中，使学生可以通过动画，对动作的发力顺序进行掌握，对难度动作的技巧和要领进行掌握，取得非常好的教学效果。

（4）改良型武术微课

改良型武术微课的主要内容来源于常规武术课的教学内容，其中部分的微课是武术课堂实录片段。在过去，学校在教研活动中录制的片段或者全堂常规武术公开课、示范课是改良型武术微课的主要素材来源。在微课出现之前，这些素材一般会被制作成完整的教学视频，或者是作为资料存档；在微课出现之后，这些素材变成微课的重要素材。改良型微课就是在对常规武术课堂教学录像视频的基础上加工的。所谓的改良，就是需要在原来的视频素材的基础上，为了达到微课教学的目的，根据微课的要求对原视频资料的加工。改良型武术微课的制作方式具体如下：把原来的武术教学录像剪切成一段或多段短片，删去与武术知识要点教学不相关的环节（如课堂互动、学生作业等），制作重点突出的武术课件，对教师的授课画面与课件画面的导播切换镜头进行设计，添加重做的片头片尾片，反映这一节武术微课的基本内容。

（5）幻灯片型武术微课

我们可以将幻灯片型武术微课的格式看成广义的影像视频格式。持续播放连续运动画面是影像视频的基本特征，要想达到这种效果，制作者可以借助一些如PPT、WPS演示等非视频类办公操作软件，虽然这些软件所具备的这些功能大家并不熟知。这种类型的微课并非严格的视频格式，因此，对于制作者来说，不需要使用视频制作软件来进行微课的制作，仅仅借助PPT等演示幻灯片软件进行制作即可达到流媒体效果，这对于普通的教师而言是便于操作的和简单的。武术幻灯片型微课的组成主要有三个部分：文字、音乐、画面，武术教学内容主要是通过精简的文字、精美的图片和适宜的音乐来呈现的，主要目的是让学生在优美的音乐中对所要学习的内容进行品味，在音乐中进行自我思考。教师在对一些具有情节性、故事性、思考性的内容进行展现的时候，会运用到这种类型的微课，如在武术教学中，对理论知识的讲解采用幻灯片型微课，可以让学生在图文并茂中学习武术文化的知识。

2.高校武术课程微课的开发设计

武术微课的教学设计关乎高校武术课程微课的质量，要想让学习者保持有意注意，最好的方式就是进行合理和科学的教学设计。高校武术课程微课教学设计立足于微课的教学目标和教学功能，对教学中各要素之间的关系，以及要素与整体之间的本质联系运用系统方法进行综合考虑，在对微课进行设计的时候，会对它们的关系进行协调，保证微课具备时间短、内容精的特点，并且将视频作为主要载体。高校武术课程微课教学设计具体包含五个方面：一是选择主题，二是教学内容分析，三是学习者分析，四是教学目标的阐明，五是教学策略的制定。

（1）武术主题的选择

一节10分钟的武术微课，可以进行多少武术知识点的讲解？这个问题与微课的功能密切相关。

①需要明确微课的使用场景，是在课堂内使用还是在课外进行使用，如果在课堂上使用，在教师的督促和讲解下，武术微课的知识点设计可以更加密集；如果在课外使用，那么同等时间内的微课在内容上要比课内少一些，以便学习者进行学习和理解。

②微课的目的是让学习者掌握武术知识点、掌握武术技能，还是主要侧重培养学习者的兴趣？在武术文化知识类的微课中，需要对逻辑关系进行强调；在武术技能类的微课中，要侧重体现直观的视觉表现和动作分解；在培养学生武术兴趣类的微课中，要突出强调内容设计的生动性和趣味性。通常来说，制作微课选取武术教学中的重难点与微课的初衷相符合。鉴于此，在进行武术微课选题的时候，教师应该主要就武术学习中的一个知识点或者问题进行设计。武术微课选题的范围具体包含：一是教学重难点内容，二是可以帮助学生对所学的武术课程的内容进行理解、巩固、拓展的内容，三是具有较强实用性的内容等。

（2）武术教学内容分析

对武术教学的内容进行分析，可以帮助我们明确武术课程的广度、深度和表现形式。

①在内容上，武术微课的内容应该适当，保证没有科学性的错误。

②要保证内容具备紧凑、精练、逻辑清晰的特点，尽量避免不必要的、不相关的内容。

③武术微课的内容应与学生的生活实际相结合，以利于达到教学目的。要想最后取得便于理解、逻辑清晰的武术微课效果，就应该保证武术内容分析的清晰。

（3）武术习练者分析

武术微课的目的是帮助习练者进行自主学习，有学科、学段方面的差异。因此，武术的教学目的和教学内容都要与习练者的年龄和认知发展程度相匹配，并且要根据习练者的不同水平，采取不同的方法，进行个性化的教学。武术微课如果应用到高校武术课程教学中，就应该针对学生的心理特征和文化特征展开。在进行微课设计的时候，教师应该根据学生的年龄特征来进行设计，要着重展示武术所具备的侠义和正气，从而提升大学生的学习兴趣。

（4）武术教学目标的明确

高校武术课程微课应该有明确、具体教学目标，突出重点和难点，并且要将要学习的重点知识点或重点问题展示给学生，从而吸引学生的注意力。在武术微课上，教师可以对教学目的进行明示和暗示。明示指的是教师通过屏幕上的文字和口头的方式向学生传达学习目标。暗示指的是教师虽然没有明确地说出教学目标，但在教师的脑海中，却有着一个清晰的教学目标，并用每个教学活动来引导学习者达成教学目标，让他们积极地关注课堂的进程。在教学过程中，教师明确告知学生教学目标，有利于学生在整个的学习过程中有一个直观的认识和目的，进而实现引导教学。

（5）武术教学策略的制定

制定高校武术课程微课教学策略，主要包括：一是武术教学的组织方式（导入、吸引学习者注意、总结），二是武术教学活动和教学顺序的设置，三是武术教学媒体的选择，四是武术教学的组织形式。与传统的课堂相比，武术微课缺少面对面的交流和互动；与远程教育中经常使用的三分屏网络实时授课相比较，微课也缺乏在线的交流和问题解答。在武术微课堂教学中，因缺少互动，所以要想引起学生的注意，提出问题则是激发学生思维和参与解题的有效方法。

第三节　当代武术教学中的武术文化传承

一、全球化语境下对中华传统武术文化的解读

武术源于中国，是中华文化的组成部分。它伴随着中华民族文化的发展而发展，记录了民族文化的发展轨迹，是世界公认的中国符号。在国民中发展和推行武术，弘扬武术精神文明，对振兴本国民族文化、促进文化交流具有积极的促进作用。其中，在青少年人群中重点推行和普及武术教育是传统武术发展的重要一步，在增强身体素质的同时，弘扬和发展了民族精神，极大地保证了民族文化遗产能够生生不息、世代相传，稳固传统武术不可撼动的地位。同时，也有许多外来武术文化乘着奥林匹克的春风吹入中国广大地区，传播渗透。

二、传统武术文化的传承策略

现在,世界全球化,各种矛盾问题层出不穷。其中,各国及各民族的文化受到冲击已成为一个公认的世界性问题。无论是何样的民间文化,在其本民族的影响力都日益深远,甚至在世界这一大范围内的地位也越来越重要。中国传统武术作为我国非物质文化的重要组成部分,是中国文化中"武"文化的标志,也是历史的滚滚车轮人民奋斗的智慧结晶,不允许在非物质文化遗产的保护过程中被遗忘。

(一)传统武术文化的抢救与继承

格斗和搏杀为武术的本质。武术其中的一些招式被改造为适合于大众健身需求的招式,而更多的传统武术招式并不适于广大人群,招法和训练方式难懂难学,需要真正热爱武术且具有武术精神的人才能挑起武术传承的历史使命。传统武术与当代竞技武术的发展联系出现断层,经挖掘整理所得的传统武术配合不了竞技武术的发展。现在,我们可以利用现代数码科技或文字记载来保留武术文化的印记。其中,尤其重要的是,应当妥善、科学地保护遗留下来记录,以及抢救得来的珍贵原始资料和重要文物,最好投入一定的资金及人力修建相关武术博物馆或民间资料馆,更好地收集及保存传统武术的珍贵资料及文物。另外,除了保存武术资料外,我们还要尽可能使资料中的武术技艺得到流传推广。传统武术的传承任务需要人来完成,如果失去人这一主体便成为一纸空谈。因此,我们要寻找真正热爱武术的人群,借他们对武术文化不可动摇的情愫、忠诚于武术的武术精神来捍卫武术文化的尊严。

从古至今,传统武术的传承一直沿袭着师徒制,这是一种最适宜民间文化传承的绝佳方式,体现东方文化中鲜明的责任感和丰富感性这一特点。师徒传承是历史上传统武术延绵不绝的主要生命形式。由师父和徒弟结合而成的传习双方,共同构成了中国传统武术的主要传承载体。被界定后的师与徒,便自然而然地与儒家中师与徒的礼仪紧密地联系在一起。从此,师与徒的礼仪规范,便成了其身份地位的最佳形象代表。各种各样的礼仪规范无不培养着师徒之间的深厚情感,无不孕育着师父超强的责任心和徒弟发自内心的敬畏感,无不聚集着作为门派团体的无以言表的精神力量。目前,中国相声、戏曲、中医界仍然承袭与古时一样的拜师递帖意识。在上海和北京等地区，一些民间的拳术个人或群体已进行了公开的拜师仪式，也吸引了一些外国人前去拜师学武。他们用此种传统方式去学习传统武术，接受中国武术文化的熏陶，承担了本门派技艺的继承与传播的责任。这是一种文化传播的责任，具有独特的文化意义。

（二）将传统武术作为非物质文化遗产

各个国家和民族都有自己本国及民族特有的文化，包括精神文化和物质文化。与物质文化的表现明显不同，精神文化常常是人们忽视的部分。文化的逐渐流失、消亡已成为各个国家都面临的严峻问题。民间乃至国家都在采取措施去挽救和保护即将流失的优秀文化，对非物质文化遗产的保护更是尤为重视。

传统武术中具备良好条件的武术流派被率先列为非物质文化遗产，是切实可行的，这会在武术领域中起到良好的作用。目前，已进入国家非物质文化遗产保护名录的有少林功夫，陕西的红拳，沧州的重刀梅花拳、八极拳和回族武术。另有陕西的红拳和沧州的八极拳也正在为申报非物质文化遗产做着积极的准备。申报成功与否并不重要，重要的是这一过程中，传统武术相关的一切，如史料及其经典套路和功法等将会重新得到人们的关注。总的来说，这也不失为一个能够全方位、多角度对武术进行挖掘整理的好机会。自古以来，传统武术流派众多，发展到现在，一些流派和招式已经不存在，并且一些偏僻稀有的拳种和高深晦涩的武术理论尚未能引起人们的注意。我们希望并期盼真正热爱和理解传统武术的武术爱好者去做这件事情，为传统武术的发展建一座桥、筑一道保护之林，使传统武术能够在肥沃的土壤和新鲜的空气中健康而茁壮地成长。除此之外，我们也要弄清楚传统武术之中真正属于非物质文化遗产范畴的有哪些部分。以前留存下来的兵器及设施也可以说是文化遗产的一部分，但是，真正需要保存及保护的是武术练功的技巧和方法，是言传身授的格斗技法和劲力、练功的方法和技巧、传统的拳谱歌诀的编纂方法等种种相关的文化链接。在审视和研究一种单一的拳种时，我们需要从文化的角度去看待这一拳种本身。

中国历史文化源远流长悠久，资源丰富，地大物博，不仅有秀丽的自然风景和壮观雄伟的人文景观和历史建筑，还有丰富灿烂的为国人所骄傲的优秀文化艺术，这些全部都是中华民族及全人类的文化成果和文化遗产。现如今，非物质文化遗产的申报热潮席卷全国,其中,杨柳青年画、古琴、纳西古乐等已经成功申报进入非物质文化遗产目录,令人欣慰鼓舞的是,武术中一些武术拳种也被列入了第二批目录,这在很大程度上肯定了传统武术文化的重要地位,为困顿原地、踟蹰不前的传统武术发展带来了一丝希望和一线曙光。现在我们的任务应是积极抓住申遗这一历史机遇,投入申报工作中。因为传统武术并不是简单的"现代化转型的体育",而是我国珍贵的非物质文化遗产的重要组成部分,是一个具有本民族独特特色的文化,是一种身体的文化和击技的文化,理应得到充分的重视和关注。中国是一个文化大国,文化对我国发展尤其重要,非物质文化遗产是中华文明几千年的精华,也是中华民族文明的重要组成部分。为保护非物质文化遗产而奋斗和拼搏,是时代与历史赋予我们的责任。文化全球化对我们本民族和国家的传统文化造成冲击,这时,我们更应该站起来,发出自己的声音,为我国传统文化在本国乃至世界上夺得一席之地,在人类历史发展史上留下我国优秀传统文化的脚印和痕迹。保护非物质文化遗产是一个艰巨而又光荣的任务,有利于提高人们对本民族文化的文化认同感和归属感,增强民族自信心,更有利于促进社会的全面协调发展,促进一个社会主义和谐社会的构建和发展。传统武术成功进入非物质文化遗产并不是武术这一文化遗产的保护工作的结束,它更需要我们付出真情,怀着对它的历史责任感和奉献牺牲精神,支持并且呵护它。这样,传统武术才能回到历史轨迹,涌动一股新鲜的血液,焕发它独特的魅力。

(三)传统武术文化资源的教育转生

教育需承担教授知识和开启智慧的责任,并且要注重对人的身心教训和人生境遇的点化滋润。其境界包括能够甄别及确认真、善、美等人生价值,一个人的身心健康,以及他的学问和智慧只有在这里才能获得相当的价值自觉。在教育学这一广泛领域中,知识为涵盖智慧的知识,而智慧也是能够体现真、善、美等一系列价值观念的智慧。自古以来,传统武术都是一个珍贵难得的教育资源,而随着时间的演绎,我们似乎都慢慢忽视了武术的价值,武术教育也成为一潭死水。假使我们不及时推开武术肩上的沉重负累,挽救和光大武术身上种种珍贵的教育资源,那如何对得起我们民族留下来的宝贵遗产。武术在过去以冷兵器为主的战争年代,注重保护人的性命安全,在当今社会,也依然关注人的生存和发展。虽然现在这个时间条件下武术不再以击技为本，然而不管历史如何演变，传统武术都不会且不曾脱离"武以成人"的价值准则。武之务为"和"心，而"和"心在于行适，在于培养光明正大和堂堂正正的个人品格，养成豁达开明的胸襟。武术本身不单单指搏杀和击技，其击技的价值也不可忽视，这就需要武术研究者对其进行充分研究并对其作出剖析和诠释。由此，我们更应该利用现有的现实条件，取其精华，去其糟粕，勇于实践创新，使武术教育资源在这个时代也能焕发出新的生机，展示出迷人的魅力。

这个时代下的武术更加注重的是人的生命和人格健康。人为主体，支配着自身一切的生命活动，是具有双重生命的存在。一个人由母胎呱呱坠地，父母给予的自然的第一次生命为其一；在第一次的基础上伸展超越的生命为其二。一个完整的人不会完成于人的第一次生成，还需要进入第二次生成，形成一个不断求新和完善的自我，而不是一味守旧固执且封闭的"自己"，逐渐培养出旷世卓然的人生品格。"如何做人"，这一问题永远得不到最终的回答。

人的内在的二次生成尤其重要，必须引起重视，要脱离以往"物"的教育，转变为"人"的教育。"物"的体育即为"人"的体育，简单来说，就是让体育的走向更加人性和人文化。现在社会中的人们，需重新认识"人"的意义，不断完善自己，做一个"完整"的人，不为这个"物化"的世界所烦乱，教育与教化应并驾齐驱，共同前进和发展，不然教育就失去了其本身的意义。

"武以成人"在人生境界的熏陶和培育方面可算是哲学教育的一种了，它与当下的个人素质教育都有共通之处。武术教育在现今，不仅仅是"教"，更突显"化"的作用。武术的"教"不是一味地知识灌溉，而是循循善诱和步步指导，通过"武"，对人的人生意义的"觉"和"悟"进行亲切指导和点化。武术教化注重对人的"意志品质"的锤炼，不是他律意义上的灌输说教，使其能够完成自律意义上的生命体征。

在良好吸收儒家思想后，武术更加"人性"，它的教化价值在于培养强大、完美的人格，并且指导人们逐渐形成侠义、正义的美德和精神，为捍卫人的自由和尊严这一伟大理想而进行不懈的努力。

1. 武之教化——一种对于人的精神的教育

我们所说到的教化，其含义为个人精神得到培育和塑造，心灵及内在同时成长和壮大，这样一种形式的教化在当今社会的重要性显而易见。我们可以看出，现代社会是一个极为"物化"的社会，追求现代的生产方式和生活方式，其中充满了功利和现实。在这种"物化"影响下，人的精神开始"物化"。而武术注重武德修养，强调人性和尊重生命，这对人的"物化"具有纠正和引导的作用，使人们重新走上"人性"这一轨道，具有极其重要的现实意义。

我们可以由此联系到当今的素质教育。素质教育在根本上就是一个关于精神教化的问题。我们认为，为弥补当代教育的不足，应该在发展当代教育的同时辅以武术教化，这也是由于武之教化可以更全面培育和塑造人才的素质和精神，使之得到正确的立身处世的方法。例如，德国现代哲学家雅斯贝尔斯所说："教育是人的灵魂的教育，而非理智和认识的堆积……谁要是把自己单纯局限在学习和认识上，即使他的学习能力非常强，他的灵魂也是匮乏而不健全的。"① 因此，我们只有走武术教化这条道路才能塑造精神和灵魂，也才能深刻地品味出教化其中的精义。

实际上，一般只有那些正确、有效的知识和抚慰或触动人们心灵的精神产品，才能对人真正起到教化作用。人们通过观赏和了解，心灵大受震撼而由此审视自己，洗涤自己内心狭隘虚假、懦弱阴暗的负面心理，得到对人和生命新的认识。就好比古希腊的文学，传达了对人及人类命运的思考，大大触动了当时及现代的人们。我们要特别重视对精神的塑造培养，要不断地进行精神教化。教化的真正意义在于它能助人正确塑造人生态度，引导人的精神生命的和谐生长，使人成为真正的自己。这充分符合且遵从着"武以成人""以武达人"的价值准则。

2. "人文教育"与"素质教育"相辅相成

"武以成人"表达的是追求人的全面发展的这一理念。可以说，武术探究"本体"，找寻人的内在根源和激发人向上的精神动力。武术教化是对人的精神世界空间上的拓展，并且从另一方面表达出人不屈于磨难并勇于抗衡的精神。武术从来都表达着对生命的尊重和呵护。

"几片林影地，融入山水间。"武术崇尚人与自然和谐相处，融洽互生。武术修习者总爱在寂静的山林或小河流水旁练习，自然界一切自然美好的秀丽景象

---

① 本书编委会. 高等教育振兴行动计划实施纲要（中）[M]. 长春：吉林电子出版社，2004.

或雄伟壮丽的奇景便成为美好或崇高的情感象征。武者在美丽的自然风景中练习武术，感受着美景的同时，激发了人类最本真的美好情感，能够培养热爱自然和自己生存环境的博大胸襟，极大地陶冶自身情操。

总而言之，武术教化要求武术修习者放开自己、勇于直面，不要封闭自我；武术之教化，要求武术修习者的情感不能自我封闭，不但要做到知人知物，还要做到"知己""成己"，热爱这世界万物，并与其融为一体。见草木摧折而不忍，见瓦石之毁而怜惜，在情感接受教化后，武术修习者会对人与人之间的情感沟通、尊重和理解有了更深的领会。此时武术修习者便放下了手中甚至心中之剑，极尽至善，武术教化也走向完美。如果从这一点上来看，则"人文武术"的宗旨和定位与"素质教育"不谋而合，都旨在塑造人身心的和谐、完整。如果大众对"人文武术"与"素质教育"在某一天达成共识，并且将之付诸实践，就一定会形成良好的精神文化氛围，在其中得到武术教化方面更为深切的体会和理解，从而完全实现"物化体育"到"人文体育"的转变。这样的话，人的精神世界会更为全面、自由，人的感觉方向不再单一，从而更为全面化，人们也会拥有了独特惊人的创造能力。那么，人们就不会只执着于片面功利的追求，还会自觉地抑制住自身对劳动的物化倾向，把自身精神世界的建设和塑造作为一项极其重要而又必需的生存使命。因此，重点关注武术教化特别是精神教化，能够提高大众的整体素质，更好地迎接我们国家将来伟大的武术和体育事业。

武术是我国传统教育史上的重要组成部分，是一种具有中国特色的文化形式，主要以肢体动作向人们传达中国特有文化。武术修习者在攻防击打的运动过程中用心去领悟，在运动过程中去体悟正义不屈、自强不息的精神和厚德载物、尊师重道的人生品格。武术除了具有能够锻炼身体这一体育功能，作为系统整体的文化载体，也具备着促进和完善人的个性发展的社会文化教育功能。充分发挥武术的文化教化功能，促进武术教育的更深更远发展，是当代武术文化建设的一大重要工程。

中国传统武术融合古今民族传统文化精神，自成一体，内容丰富且深远。作为中国一种独立的文化现象，武术独特的民族精神气象引导和凝聚着武术文化的时代走向和发展，作用巨大而意义深远。中国传统武术以其厚重的文化底蕴和繁复的内容体系，在时代的发展进程中，坚定而缓慢地走向多元化和多极化的发展道路。当传统武术与现代武术拥有着完全不同的审美意蕴和文化内涵走向世界时，两种武术文化相互冲击，武术文化的内在结构将面临全面性激活和深层次振兴这两大考验。

武术是一种文化而不仅仅是一项体育运动，是哲学文化，是宗亲文化，还是一种审美文化和教育文化，正是这种深层次的哲学和文化内涵透过武术的表面现象挖掘支撑了其技术表现形式。

参考文献

[1] 陈明坤，陈同先.武术教学与训练[M].北京：北京体育学院出版社，1993.

[2] 李文亚，盛颖，范启国.高校武术教学理论解析与技能训练指导教程[M].长春：吉林文史出版社，2020.

[3] 许俊菊.我国传统武术教学的创新发展研究[M].沈阳：辽宁大学出版社，2019.

[4] 姚伟华.高校武术教学创新研究[M].郑州：郑州大学出版社，2017.

[5] 陈雁飞.中国学校武术教育——沿革与发展·反思与探索[M].北京：北京出版社，2005.

[6] 杨新.素质教育引领下的武术教学设计与应用研究[M].长春：吉林人民出版社，2018.

[7] 陈剑，黄磊.传统武术教学研究与创新发展[M].长春：吉林大学出版社，2016.

[8] 侯顺子，马玉德，聂晶.武术教学与训练[M].兰州：甘肃教育出版社，2000.

[9] 陈诗强.传统武术教学体系构建与体质促进研究[M].北京：中国商务出版社，2016.

[10] 唐光耀.基于价值视野下的武术教学研究[M].长春：吉林大学出版社，2015.

[11] 畅鹏，原敏芳.武术教学对学生体育学科核心素养促进研究[J].当代体育科技，2023，13（15）：147-150.

[12] 康梅英."互联网+"背景下探索大学武术教学改革[J].内江科技，2023，44（5）：127-128，147.

[13] 刘东.普通高校武术教学改革与武术传承研究 [J].当代体育科技，2023，13（11）：9-12，17.

[14] 张丽丽.高校武术线上线下混合式教学模式研究 [J].青少年体育，2022（12）：107-109.

[15] 陈姗.教育现代化背景下武术教学平台的信息化建设 [J].湖北体育科技，2022，41（12）：1125-1128.

[16] 苏勇，韩衍金.新媒体时代武术教学中微视频的应用实践与反思 [J].当代体育科技，2022，12（33）：127-130，176.

[17] 罗俊伟.体教融合视角下青少年武术教学训练策略研究 [J].武术研究，2022，7（10）：80-82.

[18] 方顺辉.传统武术文化在高校武术教学中的传承与重构 [J].漳州职业技术学院学报，2022，24（3）：57-63.

[19] 焦稳龙.应用型高校武术线上线下混合式教学研究 [J].当代体育科技，2022，12（15）：119-122.

[20] 潘春光.基于Web的线上武术教学系统设计 [J].信息与电脑（理论版），2022，34（9）：95-97.

[21] 刘晓娇.基于学习通平台的武术翻转课堂教学效果实证研究 [D].昆明：云南师范大学，2022.

[22] 欧阳耀芳.武术教学对水平一学生行为规范的影响研究 [D].重庆：西南大学，2022.

[23] 郑晓莉.长春市普通高校公共武术课课程思政的开展现状与对策研究 [D].长春：吉林体育学院，2022.

[24] 于福建.南京市普通高校学校武术价值定位与推广策略研究 [D].南京：南京体育学院，2021.

[25] 朱超强.多元反馈教学法在高校武术选项课中的实验研究 [D].大庆：东北石油大学，2021.

[26] 王金峰."互联网＋微课"在高校公共体育武术教学中的实验研究 [D].南宁：南宁师范大学，2021.

[27] 王兆通."武术进校园"的问题审视与路径选择研究[D].济南：济南大学，2021.

[28] 来敏.大连市高校武术教学提升大学生体育核心素养研究[D].大连：辽宁师范大学，2021.

[29] 崔梦丽.新时代高校武术教学资源共享路径研究[D].哈尔滨：哈尔滨体育学院，2021.

[30] 窦万东.新时代推进高校实施"一校一拳"对武术发展的影响研究[D].天津：天津体育学院，2021.